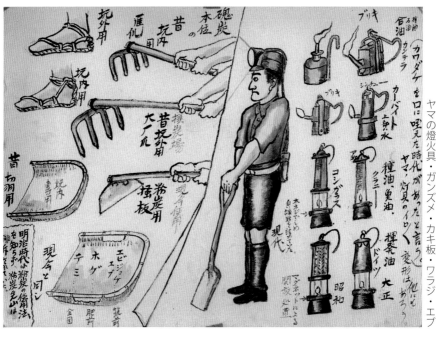

ヤマの燈火具・ガンズメ・カキ板・ワラジ・エブ

撰炭機での作業（撰炭婦）

山本作兵衛とは

山本作兵衛記録画　ヤマの米騒動（米の値上がり）
シリーズで描かれ、作兵衛原体験の一つであった。

自宅前の山本作兵衛・タツノ夫婦
（吉田保撮影・作たん事務所提供）

世界記憶遺産登録へ

仕事用の机・椅子と日記が保管されていた箱

山本作兵衛さんを〈読む〉会
が解読した叢書 全16巻

『ユネスコ世界記憶遺産20
周年記念誌』に紹介された
作兵衛記録画と届いた認定
証（左側）

第20回福岡県民文化賞を受賞した「山本
作兵衛さんを〈読む〉会」と小川洋県知事

第10回アジア都市景観賞受賞記念プレゼンテーションのスライド（上：最終スライド・烏尾トンネル。右：田川の自然・歴史・文化）

山本作兵衛を全国発信した作家・上野英信の絶筆（上野朱提供。第2部第2章参照）

田川古代史ツーリズム、1市6町1村による「卑弥呼連邦」を宣言する8首長と田川広域観光協会理事長（左端、同協会提供）

山本作兵衛と
世界遺産のまち

筑豊・田川
万華鏡

日本初の世界記憶遺産
登録を掘り下げる

森山沾一
MORIYAMA
Senichi

明石書店

刊行によせて

2011（平成 23）年 5 月、日本で初めて「山本作兵衛コレクション」（697 点、福岡県田川市・福岡県立大学）がユネスコ（United Nations Educational Scientific and Cultural Organization）の「世界記憶遺産」（Memory of the World）に登録されました。

このコレクションは、（1）炭坑記録画 589 点、（2）『炭坑物語—私の見聞記—』（6 冊、通称「山本作兵衛ノート」）、（3）『日記・雑記帳』（81 冊）などから構成されており、これらは相互に密接不可分の関係にあります。

本書の特徴は、第 1 に「山本作兵衛コレクション」が世界遺産に至る迄の現地・筑豊での経緯が今後の課題を含めて詳細に記録されていることです。

特徴の第 2 は、山本作兵衛旧宅に遺されていた『日記』類を、保存・整理し、2002 年 3 月以降、16 年の永い期間にわたって読み解き、刊行に至った経過が書かれていることです。この地道な作業こそが世界記憶遺産登録への礎石を築くことになりました。

森山沾一氏は学生時代から「象牙の塔を出て、地域住民と共に生活向上を図る」セツルメント運動の精神を継続し、筑豊地域社会において「産・官・民・学」協働活動を実践されました。その成果の一つが、氏が所属した福岡県立大学附属研究所を中心に組織された「山本作兵衛さんを＜読む＞会」（日記・手帳）でした。そして「産・官・民・学」協働は「田川地域活性化への取り組み」（第 3 部参照）へと結実されます。

筑豊地域の活性化が叫ばれてから永い期間が経過しております。氏もこの課題に取り組み、今なお模索が続いておりますが、「田川・筑豊活性化への取り組み」（第 3 部）にひとすじの光明を見出しています。

全国のかつての産炭地は、閉山から半世紀以上を経ても活性化への道程は荊棘の状況が続いており、筑豊地域社会も例外ではありません。

本書が現状打破の光明となることを願ってやみません。

　　　　　　　　　　　　　　　　　　　　田　中　直　樹（日本大学名誉教授）

Celebrate the Pubulication

Working class lives and the contribution they make to a country's or area's development are often and easily erased from historical memory.

As coal mines have closed across the world – a good thing for the planet – the social problems that closures caused have continued to haunt the former mining communities whether in the Chikuho region in Japan or the North East of England.

It is difficult – impossibly probably – for those like us who have never been down a working coalmine or lived in a mining community to imagine what life was like there.

However, fortunately there have been some rare examples of miners who from within their communities have created works of art that illustrate aspects of their lives at work and at home.

In the North East of England they formed the Ashington Group of 'Pitman Painters' – see for example https://www.pinterest.com.mx/rhysrs/ashington-group%2B. Chikuho had Yamamoto Sakubei.

We bought a copy of Chikuho Tanko Emaki in 1973 and was immediately intrigued by the combination of observation of everyday life – baths, festivals, entertainment – with precise depiction of the ways coal was mined.

This formed a unique record of a pattern of life in Japan at just the point when it was about to disappear.

It was completely appropriate that the first listing from Japan in the UNESCO Memory of the World should be the work of Yamamoto Sakubei.

Many of the resources recognised by UNESCO have reflected elite culture. But just as important, and probably more fragile, are those which preserve the memories of how working people lived their lives. Recognition by UNESCO has made that preservation more secure. This book is a testament to the importance of that work.

　労働者階級の人々が国家や地域の発展に果たした貢献は、しばしば歴史の記憶から簡単に消されてしまう。炭坑が世界中で閉山されてきたことは地球の環境にとっては良いことだが、日本の筑豊地区にせよ英国の北イングランドにせよ炭坑閉鎖が引き起こしたその地域社会の問題は今なお依然として存続している。

　私たちのように炭坑で働いたり、炭坑住宅に住んだ経験のない者にとってはその生活を想像することはほとんど不可能に近い。しかしながら、幸運にも炭坑の労働や労働者の家族の生活の様子を描いた美術作品が稀に存在している。北イングランドのアッシュングトン・グループ「ピットマンの画家たち」（https://www.pinterest.com.mx/rhysrs/ashington-group%2B/）と筑豊の山本作兵衛氏である。

　私たちは1973年に『筑豊炭鉱絵巻』を購入したが、そこに描かれている石炭を掘る方法の正確な描写に組み合わされた風呂、祭り、娯楽などの日常生活の観察に即座に魅了された。まさに、そういった生活が消え去ろうとしていくその時に記録された日本の生活様式の稀な記録である。

　山本作兵衛氏の炭坑記録画が日本で初めて世界記憶遺産に登録されたのは全く適切であったといえよう。

　ユネスコが登録した遺産の多くはエリート文化を反映している。しかし労働者階級の人々の仕事と生活の記憶を残すことは同じように大切であると同時に、その保存はより脆い。

　ユネスコ世界記憶遺産登録によってこの記録を保存していくことが可能になった。この本はその作業の重要性の証である。

イアン・ニアリー（オックスフォード大学名誉フェロー）

穴 井 宰 子（元ブルックス大学助教授）

目　次

【凡例】

1. 本書掲載の書きおろし以外の原稿は、出版社などの名称や年月と共に各文章の最後に（　）で述べた。転載させて頂き、深い謝意を示したい。なお、過去の文章も資料や引用を除き、今日の視点から修正し、原則として「である調」で統一した。

2. 資料からの引用は原則として原文通りとした。ただし、人名・固有名詞を除き、読みやすいように新字・新字体に改めた。

3. 「炭鉱」「鉱夫」は「坑」「礦」も使われるが、引用文や資料ではそのまま、それ以外は「炭坑」「炭鉱」を使った。

4. 人名は生存者も含め、歴史的文章として扱い、引用文以外は原則敬称をつけていない。この場をかりて深い謝意を示したい。また、年号は原則として洋和並記にした。

5. 差別的表現等、今日では好ましくない言葉は、歴史的用語とみなし、原則としてそのまま記述している。

6. 「山本作兵衛の炭坑記録画などの著作物」は然るべき手続きを経て、「作たん事務所 ©Yamamoto Family」の了解をとっている。また、記録画は明記しない限り田川市石炭・歴史博物館所蔵である。

はじめに

　2011（平成23）年、5月25日は九州の筑豊・田川地域にとって、いや日本や世界の近代史にとり歴史に残る記念すべき日である。

　この日、国際連合教育科学文化機関（ユネスコ）は三大世界遺産の一つである世界記憶遺産（Memory of the World）登録認定51件を発表した。その中に、福岡県田川市と福岡県立大学が共同申請した山本作兵衛コレクション（Sakubei Yamamoto Collection）697点（文部科学省では「山本作兵衛炭坑記録画・記録文書」としている）が入っていたのである。

　日本で初めての、しかも聞き慣れないユネスコ世界記憶遺産である。当時、法隆寺、姫路城や屋久島がユネスコ世界（文化・自然）遺産に認定され知名度が上がりつつあった時期であり、日本のマスメディアは大きく報道した。

　その後、2年間ほどは筑豊・田川からの「山本作兵衛コレクション」発信は続き、訪問者も福岡県筑豊の飯塚市や直方市等を含め、田川市石炭・歴史博物館や福岡県立大学附属研究所などに殺到するブームとなった。

　私にとっては、2011（平成23）年5月25日と同時に、忘れられない日がある。それより9年前の3月25日前後である。山本作兵衛・タツノの終の棲家が18年間空家となり、解体されることを3月14日の新聞で知っていた。福岡市での学生時代、先輩から聞き、知っていた産炭地筑豊のことや記録画絵師・山本作兵衛は宝の山としての筑豊であった。

　3月下旬、県立大学の保田井進学長（当時）から「調査依頼」があり、現

地を6回にわたり同僚や学生と訪れた。この訪問調査で、木箱の中に大切に保管されていた日記・メモ帳や絶筆、生活用具などを発見した。当時、「家は解体されるし、何でも持ち帰ってください」ということであり、同僚たちと県立大学に持ち帰り保管した。住居保存を作家・森崎和江など関係者に働きかけたが、2000万円が必要とのことで、その予算はなく、4月24日、残された生活用具とともに解体された。

　福岡県立大学は1992（平成4）年、旧産炭地の筑豊活性化を目的に福岡県立短大を「福岡県立大学」に昇格・名称変更した大学である。開学時から私は佐賀大学より赴任し、「地域と教育研究」を専攻するものとして市民・住民とともに歩んできていた。「県立大学と共に歩む会」への参加、「筑豊市民大学の設立」「県・筑豊・田川行政への委員会・審議会」委員等を行い、当時は大学の地域貢献機関・生涯福祉研究センター長をしていた。

　大切な日記・手帳類を、大学で密室保存することは、私の研究姿勢から許せなかった。学生時代から「象牙の塔を出て、地域住民と共に生活向上を図る」福岡市博多区でのセツルメント運動に青春をかけ、その意思を筑豊・田川でも持続するつもりの私であった。大学の中で「研究のための研究」として放置するのではなく、学生・院生や地域住民とともに筑豊の宝物を発掘し、発信する必要を痛感した。2002（平成14）年、「山本作兵衛さんを〈読む〉会」をつくり、週1度、生涯福祉研究センターで「日記・手帳を読み解く会」を16年間継続した。筑豊・田川の輝かしい遺産の実証的解明である。

　その、8年後に「山本作兵衛コレクション697点」が日本初の世界記憶遺産に登録された。否、我々がチームで登録実現をしたのである。加えて、登録3年前の2008（平成20）年度には経済産業省の「地方の元気再生事業」に「世界遺産をめざす旧・産炭地元気再生事業〜産・官・民・学が協働する保養滞在型エコツーリズムの実現〜」が2年間採択され、その事業に組み込んだ作兵衛研究にも拍車がかかることになった。

　これらの動きが、現地田川での活力の大きな流れとなり、山本作兵衛コレクションの世界記憶遺産登録要因の一つとなったことは否めない。本文中にも紹介されているが、2009（平成21）年2月15日の「世界遺産をめざす国際シンポジウム」では1,300人の市民・住民が集う大集会となった。

　この本の出版目的は、第1に山本作兵衛の世界記憶遺産としての価値と世界記憶遺産化過程を記録として明らかにし、後に続く「日頃の生活にある世界記録遺産価値」を見つけていただくことである。このことは、今後、私たちが暮らす地域ごとに素晴らしい文化・文化財があり、その価値を発見・発信するのに役立つに違いない。

　第2に、旧産炭地となり、その後50年を経て近代産業の光と闇で、闇と思われていた筑豊・田川。それが輝き・光である根拠を事実に基づき明らかにすることである。筑豊外部からのまなざしだけでなく、内部に暮らす人々に筑豊地域へのプライドを持たない人たちが3割ほどいる。しかし、筑豊・田川には近代産業の中だけでなく、古代から素晴らしい自然・文化が、近代石炭産業・興隆そして崩壊の闇とともにある。

　さらに、第3はこうした筑豊・田川に職場・生活領域で30年間関わった私自身の節目とするためでもある。田川・筑豊のポテンシャリティ（可能性・潜勢力）を明らかにし、課題は何であるのかを明らかにしたかった。

　第1部「世界記憶遺産（世界の記憶）と山本作兵衛コレクション」では世界記憶遺産の概要、日本の世界記憶遺産の説明そして、なぜ山本作兵衛コレクションは世界遺産になったのか、その価値は何なのかを述べる。

　第2部「山本作兵衛を尊敬・発掘・発信した先達たち」では永末十四雄・雅子と上野英信・晴子を中心に、県立大学赴任（1992〔平成4〕年）前からの私の文章などを含めて載せている。

　私は青年時代からお二人に出会い、教えられた体験を持つ世代である。しかし、山本作兵衛コレクションの世界記憶遺産登録活動時には黄泉の人であった。その後さらに、永末・上野先達の諸々の著作を読み深める中で、中途半端な活動ではないことを再認識した。そして、人間性の本質を貫く真摯な生き方、文章表現をさらに刻印した。私にとり、このお二人が居なければ、解体する作兵衛・タツノ夫婦の終の棲家からの日記・絶筆発見はなかったであろう。そしてその後、市民・学生との16年間にわたる〈読む〉会は続かなかったであろう。

第 3 部 「田川・筑豊活性化への取り組み」は次の思いを込めた記録である。〈今でも良い田川をさらに良く〉のキャッチフレーズは、私が 1990 年代以降、筑豊・田川で暮らす 30 年間で、考えに考え抜き、5 年ほど前にたどり着いた表現である。それが「筑豊・田川万華鏡——日本初世界記憶遺産・山本作兵衛コレクション登録 10 周年記念」のテーマ・万華鏡になった。

　実は 18 歳から福岡市で関わり続けている被差別部落問題への見方・考え方とも重なるし、通じる。

　アフガニスタンで 2019（令和元）年 12 月 4 日、銃撃され永眠した私と同年齢・大学同窓・中村哲医師の『医者井戸を掘る』（石風社）の仕事に似ている。私は教育学者として「地域と教育」や「人権・解放教育」を 65 歳までは実践を伴いながらも続けてきた。その分野で文部科学省の科学研究費や出版助成補助金も獲得し、出版してきた。教育学・基礎研究の重要性は今も認める。しかし、近代産業社会で疲弊した地域活性化で大事なことは、経済であり雇用の安定なのだと 50 歳代から田川地域でも痛感し始めた。

　「医者が患者を治すよりも、井戸を掘り、食べ物が手にいる雇用を優先する」ように、筑豊・田川の活性化は教育での子育ち・親育ちの生涯学習も大事だが、「雇用・エコツーリズムによる故郷への愛着・自信（コミュニティ・プライド）が生まれるための産業育成」と考えてきた。

　グローバル時代、過疎地の経済・雇用はきわめて厳しい。ここで試みたことが全てうまくいっているなどとは言わない。しかし、山本作兵衛コレクションが日本初の世界記憶遺産となり、巻末に書くようないくつかの成果をあげたのである。

　これらを検証して、次に続く世代への伝言として、この本は刊行される。

　なお、2016（平成 28）年より政府は「世界記憶遺産」を「世界の記憶」と改称したが、この本では原則当時の呼称のままで使うことにする。また、登場・引用人物も歴史上の人物として生存者も含めて敬称をつけないことを原則とする。そして、原資料の紹介は別として、年代表記や説明は可能な限り現時点に直し統一した。

2021（令和 3）年 2 月 1 日

第Ⅰ部　世界記憶遺産（世界の記憶）と山本作兵衛コレクション

　第１部では第１章で 1992（平成４）年に国際連合教育科学文化機関（ユネスコ）で開始された「世界記憶遺産」（Memory of the World）事業の概要や歴史、世界記憶遺産の数、日本の世界記憶遺産の説明、そしてなぜ山本作兵衛コレクションは世界遺産になったのか、その価値は何なのかを述べる。

　第２章では山本作兵衛コレクションが登録された経過を筑豊・田川地域の産・官・学・民活動の記録を中心に紹介する。「明治日本産業革命遺産」の世界文化遺産活動だけでなく、それに連動して、「旧産炭地を誇りとする（コミュニティ・プライド）地元での熱い活動」があったことを読み取っていただければ幸いである。

　そして第３章では、山本作兵衛コレクションの登録達成に至るまでの市民の活動と登録後の筑豊・田川での反響を伝えている。

　2012（平成24）年、世界記憶遺産事業 20 周年を記念してユネスコ本部から刊行された『Memory of the World』頭書き「はじめに」で、イリナ・ボコバ事務局長は「保護を促進するための活用であり、活用を可能にするための保護」と言っている。そして、１頁だけの文章に、次のように山本作兵衛コレクションにも言及する。

　「アンネ・フランクの日記やワット・ポーの碑文は、今日ではほとんど説明がいらないくらい有名です。けれども、山本作兵衛の炭鉱画コレクションや、マダガスカル共和国の 1824 年から 1897 年にかけての王室文書といった記録遺産はそれほど知られていません。ですが、どれも等しく人類の創意の象徴なのです」と当時登録されていた 244 の世界記憶遺産を紹介している。ユネスコ事業発足 20 年を経ても、日本は山本作兵衛コレクション一つだけであった。2018 年現在、世界で 427 遺産、日本は海外共同登録を含め７遺産ある。

第Ⅰ章　世界記憶遺産とは

第1節　ユネスコ世界記憶遺産の歴史

（1）世界記憶遺産の定義

　世界記憶遺産（世界の記憶：Memory of the World）とは、人類の歴史的な文書や記録など忘れ去られてはならない記録遺産（Documentary Heritage）をユネスコ（国連教育科学文化機関、本部パリ）で選定し、最新のデジタル技術などを駆使して保存し、研究者や一般人に広く公開することを目的とした事業である。

（2）世界記憶遺産の歴史

　ユネスコは、1992（平成4）年に、歴史的な文書、絵画、音楽、映画などの世界の記録遺産（Documentary Heritage）を保存し、利活用することによって、世界の記録遺産を保護し、活用促進することを目的として、「世界記憶遺産プログラム（Memory of the World Programme）」を開始した。

　ユネスコの世界遺産事業には、不動産を対象とした世界文化・自然遺産、伝統芸能などの無形遺産を対象とした無形文化遺産がある。

　直筆原稿、書籍、ポスター、絵巻物、地図、音楽、写真、映画、ウェブサイトなどの記録遺産の保護および活用を目的とする世界記憶遺産は、条約の締結事項がなかった。そのこともあり、必ずしも政府が提案すべきものではなく、地方自治体や団体、機関などによる申請も可能であった。ただし、国

内で世界記憶遺産委員会が存在する場合は、地方機関ではなく国の推薦が優先される。これらのことは、世界記憶遺産の趣旨、目的、手続きなどの具体的な事項を定めたユネスコの「世界記憶遺産一般指針」に記述されている。

　この「世界記憶遺産プログラム」の事務局は、ユネスコ本部の情報・コミュニケーション局知識社会部ユニバーサルアクセス・保存課が担当している。「世界記憶遺産」は、2年毎に開催される国際諮問委員会（略称IAC）で、世界にとって意義のある記憶遺産が選考される。

　日本の場合、現在は世界記憶遺産委員会（世界の記憶事業選考委員会）が統一して選定を行い、2年に1回の申請を2件に絞って行っている。2011（平成23）年段階の日本では、文化財保護法によって重要な資料の保護がなされていたことにより、世界記憶遺産にかかわる取り組みはあまりなされていなかった。

　山本作兵衛コレクション697点は地方自治体（田川市）と福岡県立大学から申請され登録されたのである。2011（平成23）年5月25日であった。その時期、文部科学省が政府としてはじめて、「御堂関白記」「慶長遣欧使節関係資料」（ともに国宝）の2件を世界記憶遺産へ推薦することが決定されていた。結局、2013（平成25）年度にこの二つは登録された。

　その後、日本では、国の委員会で決定されることになり、地方機関などの申請は国の委員会を通すことになった。

　各国から推薦された物件（各国2件まで申請可能）については、2年に1回開催されるMOW（世界記憶遺産）国際諮問委員会（IAC）に諮問され、登録の可否が審議される。その後、IACによる答申のもと、ユネスコ事務局長の最終的な承認によって正式に登録が決定する。

　なお、ユネスコ世界記憶遺産の登録については、国際リスト、地域リスト（日本はアジア太平洋地域）、国内リストの三つに区分されており、IACにおける審議によっては、国際リストから地域あるいは国内へ差し戻される場合もある。

第2節　現在のユネスコ世界記憶遺産とは

　2018（平成 30）年 1 月現在、ユネスコ世界記憶遺産には、124 件の国と地域、8 件の国・その他（国際機関 NGO）の 427 件が登録されている。国別では、ドイツとイギリスの 23 件が最も多く、ポーランド（17 件）、韓国とオランダが 16 件と続く。アジア・太平洋地域では韓国（16 件）、中国（13 件）と続き、日本は別に示すように 7 件である。以下この節では、「シンクタンクせとうち総合研究機構」の古田陽久・古田真美『世界の記憶データ・ブック 2017 ～ 2018 年版』より引用させていただく。

(1)「世界の記憶」への登録申請

　登録申請者は、国、地方自治体、団体、個人でも可能であり、現在は以下のようになっている。

　日本の場合、有識者による「世界の記憶事業選考委員会」が設置されており、自治体、個人もその委員会で調整・選考するようになっている。

　委員会では各年二つが選ばれ、次の登録手続きとなる。

　○ユネスコに登録推薦書類を提出し（2 年に 1 回、1 カ国につき 2 件までの制限）、登録推薦書類に不備がなければ、ユネスコ内の登録分科会に移管される。
　○登録分科会は、通常会合の少なくとも 1 カ月前に、国際諮問委員会に勧告書を提出する。
　○国際諮問委員会の決議を登録申請者に通知し、メディアに公表される。

　「世界記憶遺産」は、人類の歴史的な文書や記録など忘れ去られてはならない貴重な三大遺産の一つである。地球上のかけがえのない自然遺産と人類が残した有形の文化遺産である「世界遺産」、人類の創造的な無形文化遺産の傑作である「世界無形文化遺産」とともに消滅、あるいは忘却されることのないように、あらゆる脅威や危険から保護し、恒久的に保存・活用していかなければならないものである。

　「世界記憶遺産」には、これまでに、中国の「清代歴史文書」、韓国の「朝鮮王朝実録」、英国の「マグナ・カルタ」、フランスの「人権宣言」、ドイツの「ベートーヴェンの交響曲第九番の草稿」や「ゲーテの直筆の文学作品」、オランダの「アンネ・フランクの日記」、それに、オランダ、インド、インドネシア、南アフリカ、スリランカの複数国5カ国にまたがる「オランダの東インド会社の記録文書」、オランダ、ブラジル、ガーナ、ガイアナ、オランダ領アンティル、スリナム、英国、アメリカ合衆国の8カ国にまたがる「オランダの西インド会社の記録文書」など98カ国、赤十字国際委員会（ICRC）、国際連合ジュネーブ事務局（在ジュネーブ）、国際連合パレスチナ難民救済事業機関（在エルサレム）の3国際機関、クリストファー・オキボ財団（COF）などの427件が「世界記憶遺産リスト」に登録されている。

　「世界記憶遺産」は、「世界遺産条約」や「無形文化遺産保護条約」のように多国間条約に基づくものではないが、いつの日か、「世界記憶遺産条約」が採択される日が来るかもしれない。

(2)「世界記憶遺産」登録推薦書類のユネスコ評価

　登録分科会は、国際図書館連盟（IFLA）、国際公文書館会議（ICA）、視聴覚アーカイヴ協会調整協議会（CCAAA）、国際博物館会議（ICOM）などの専門機関（Expert bodies or Professional NGOS）の助言を仰いで、「世界記憶遺産」の選定基準を満たしているかどうかを判定し、国際特問委員会に登録の可否を勧告する。「世界記憶遺産」委員会の事務局は、これら一連のプロセスを管理する。以下の項目などが審査されることとなる。「世界記憶遺産」への脅威や危険防止としてである。①材質の劣化や風化、②火災、地震、津波などの災害による収蔵機関等の崩壊による喪失や汚損、③戦争などの災害による収蔵機関等の破壊による喪失や汚損、④大気汚験など収蔵建物内外の環境汚染、⑤盗難や売却による喪失、⑥不十分な保存予算など。そして、これらが行われていなければ、登録はされない。また、登録後でも、劣化したり、或は、その完全性が損なわれたり、その登録の根拠となった選定基準に該当しなくなった場合には、登録リストから抹消される。

第3節　日本の世界記憶遺産

　「山本作兵衛コレクション」は、福岡県筑豊の炭坑（ヤマ）の文化を見つめた画家、山本作兵衛（1892 〜 1984 年）の墨画や水彩画の炭鉱記録画、それに、日記・記録文書などの 697 点で、これらのうち、585 点の記録画は福岡県指定有形民俗文化財に指定されている。所有・保管・展示は、田川市石炭・歴史博物館（福岡県田川市）がその内の 627 点を行っている。日記・雑記帳を中心としたコレクションは福岡県立大学附属研究所が保管しており、展示等を行っている。

　「山本作兵衛コレクション」を登録申請した経緯は、ユネスコの世界遺産暫定リスト記載物件である「九州・山口の近代化産業遺産群」（当時名称）の構成資産の一つとして、田川市内にある旧三井田川鉱業所伊田竪坑櫓や二本煙突などが名乗りを挙げたことに始まる。構成遺産入りをめざしていたが、残念ながら、2009（平成 21）年 10 月の国内審査では構成資産の候補から外れてしまった。

　しかし、関連資料として紹介した山本作兵衛の作品を、2009 年 1 月に現地を訪れた海外の専門家であるマイケル・ピアソン（オーストラリア国立大学客員教授）等が絶賛。日本社会の近代化の特徴をよくとらえた「炭鉱記録画の代表作」であると、歴史的な意義を高く評価したことが契機となった。そして、2010 年 3 月末に図録などを添えた登録推薦書類をユネスコに提出し、日本初の「世界記憶遺産」の誕生となった。

　その後、2013（平成 25）年 5 月頃に開催される第 11 回国際諮問委員会では、日本政府の推薦では初めてとなる、仙台藩の日欧交渉を伝える江戸時代の「慶長遣欧使節関係資料」（仙台市博物館所蔵）、それに、平安時代の藤原道長の自筆日記である「御堂関白記」（京都府近衛家の陽明文庫が所蔵）の国宝 2 件が世界記憶遺産の登録となった。

　国際諮問委員会（IAC）の勧告に基づきユネスコ事務局長が決定する国際登録のほか、地域登録と国内登録があるが、2 年に一度審査が行われる国際登録には 2017（平成 29）年 10 月現在で 427 件が登録されている（以上が『世界の記憶データ・ブック』で紹介されている）。主な国際・国内登録物件は次頁である。

表1　主な国際登録物件

登録物件名	国・地域	登録年	概要
ウスマーン写本	ウズベキスタン	1997 (38件)	現存する最古の手書きのコーラン写本
ゲーテ・シラー資料館所蔵のゲーテの文学財産	ドイツ	2001 (21件)	ドイツを代表する文豪ゲーテの著作や手稿
ルートヴィヒ・ヴァン・ベートーヴェンの交響曲第9番二短調作品125	ドイツ	2001 (21件)	交響曲第9番の自筆楽譜
スコータイ王朝のラーム・カムヘーン王の碑文	タイ	2003 (23件)	タイ最古の言語とされるスコータイ王朝時代のタイ文字で、王の業績をたたえる碑文が刻まれている
「人間と市民の権利宣言」の原文 （1789〜91年）	フランス	2003 (23件)	1789年にパリで国民議会によってまとめられた「人権宣言」の初版
『子どもたちと家庭の童話』	ドイツ	2005 (29件)	いわゆる『グリム童話』の手書き本
アルフレッド・ノーベル一家の記録	スウェーデン	2007 (38件)	アルフレッド・ノーベルの遺言状を含む、ノーベル一家の記録
リグ・ヴェーダ	インド	2007 (38件)	ヒンドゥー教の宗教文献で、人類史上最も古い文学作品
アンネ・フランクの日記	オランダ	2009 (35件)	第2次世界大戦中ドイツ占領下のオランダに隠れ住んだユダヤ人少女の日記
1215年に発布されたマグナ・カルタ	イギリス	2009 (35件)	イングランド国王の権限をはじめて制約した憲章
黎朝・朝時代の科挙合格者の石碑記録 （1442〜1779年）	ベトナム	2011 (51件)	文廟（孔子廟）にある、科挙の合格者名を刻んだ石碑82点
セマウル運動のアーカイブス	韓国	2013 (56件)	大韓民国国家記念院、同運動中央会にある記録
南京大虐殺の記録	中国	2015 (48件)	北京、南京、瀋陽、長春、上海の資料館にある記録
教育思想家パウロ・フレイレのコレクション	ブラジル	2017 (78件)	哲学者でもあり、識字教育の実践からエンパワーメントの概念が生まれた（サンパウロ）

日本関連の登録物件は以下となっている。

表2　日本関連の登録物件（国際登録7件、地域記録1件、2021年現在）

山本作兵衛炭坑記録画・記録文書 （2011年登録）	御堂関白記 （2013年登録）
福岡県の筑豊炭田の炭坑夫山本作兵衛による炭坑の記録画及び記録文書。田川市（福岡県）が所有する627件と、山本家が所有し福岡県立大学が保管する70件の合計697件からなる。政府や企業等の公式文書からは読み取れない、当時の炭坑の生々しさや臨場感を、一人の炭坑夫の視点から知ることができる点で貴重。	藤原道長による自筆の日記。摂関時代最盛期の最高実力者であった道長が、日々政務や儀式、社会情勢等について記したもの。現存する国内最古の自筆日記であり、当時の代表的貴族の筆跡を伝える最も確実な遺品としても価値が高い。1951（昭和26）年、国宝に指定。（公益財団法人陽明文庫所有）
慶長遣欧使節関係資料 （2013年登録）	舞鶴への生還 （2015年登録）
仙台藩主伊達政宗がスペイン及びローマに使節として派遣した支倉常長が持ち帰った遺品（仙台市所有）と、それを補完するスペインの関係文書からなる。スペインとの共同推薦。江戸時代初期の日欧交渉の実態を物語っており、東西文化圏の交渉史上、貴重な資料。日本側の登録物件3件は、2001（平成13）年に国宝に指定。	第二次世界大戦の敗戦に伴い、ソ連領に抑留された60万人から80万人といわれる日本軍人と民間人たちの抑留生活と日本本国への引き揚げの歴史を伝える資料。日記、手紙・はがき類、手作りの手帳、絵画、名簿類、証明書類等、570点の資料から構成される。（舞鶴市所有）
東寺百合文書 （2015年登録）	朝鮮通信使に関する記録 （2017年登録）
東寺（京都府）に伝わる約2万5千通の文書で、中世社会の全体構造を解明する基本史料として質量ともに最も優れた史料群。加賀藩第五代藩主・前田綱紀により「百合」の文書箱が寄進され、その箱に納めて管理されてきたことが名前の由来。1997（平成9）年国宝に指定。（京都所有）	1607（慶長12）年から1811（文化8）年までの間に、日本の江戸幕府の招請により、朝鮮から派遣された外交使節団に関する資料。外交記録、旅程の記録、文化交流の記録111件333点（日本：48件209点、韓国：63件124点）からなる。日本と韓国の民間団体による共同申請。
上野三碑 （2017年登録）	水平社と衡平社 （2016年地域登録）
群馬県高崎市にある飛鳥時代から奈良時代に建てられた漢文で刻まれた3基の石碑。山ノ上碑・多胡碑・金井沢碑の総称で最古の石碑群。	マイノリティ間の国境を超えた連帯の記録（5件）。1922（大正11）年創立の全国水平社と1923（大正12）年朝鮮で創立した衡平社の提携の記録（アジア太平洋地域）。

※ 樺山紘一日本語版監修、村田綾子訳『世界記憶遺産百科──全244のユネスコ世界記憶遺産』（柊風舎、2014年）により作成された『上野三碑』申請書を修正して加筆。

第2章　作兵衛コレクションの登録経過

　山本作兵衛コレクション697点は2011（平成23）年、日本初の世界記憶遺産に登録されたが、本書第2部で述べるように、作兵衛自身はもちろん、先人・先達の眼力・活動があった。

　この章では、登録の直接の契機となった、現地筑豊・田川での活動を中心に記録整理を試みることとする。

第1節　山本作兵衛夫妻・解体される終の棲家と地方再生事業申請

(1) 本当の知識人だった山本作兵衛

　筑豊の炭鉱での仕事と生活を一見、素朴な記録画に残してきた故山本作兵衛（1892～1984年）が住んでいた炭鉱住宅（炭住）から昨春、70冊の日記・手帳、記録画などが見つかった。1915（大正4）年から約60年間にわたってつづられた日記・手帳を読み進めていくといくつかの作兵衛翁の姿が浮かび上がる。

① 山本作兵衛翁の日記を読む

　梅が散った。作兵衛の終の棲家・炭住が壊され1年になろうとしている。もしそのままならば、この春も梅やアンズ、ユキヤナギ、そしてシランが屋敷の藪の中に咲き乱れていたであろう。

　昨年3月14日（2002〔平成14〕年）、新聞で読んでいた「山本作兵衛さん旧

宅取り壊される」に関係して、福岡県立大学学長宛ファックスを宮崎昭夫学生部長よりもらった。「一応の調査は終わったが、まだあるのではないか」という作兵衛の家族の手紙である。同僚などと6度訪問し押し入れの奥や衣装箱から、きちんと整理された日記・手帳類の箱、原画、葬式参列者名簿、そして「絶筆」とメモされた一編の用紙を発見した。もし、そのまま家屋が解体されていたら、虫除けのため丁寧に煙草やナフタリンで保管されていた、これらの宝物は土塊となっていたであろう。危機一髪であった。

旧宅保存の動きは10数年前にもあった。保存のため私自身も見積もっていただいたが、18年間空き家で手つかずの家を保存するには2千万円以上かかり、あまりにも時間と費用がなかった。結局、柱を数本だけ田川市石炭資料館（当時）に残し、4月24日、作兵衛さんが85歳にして購入したつるべ井戸付きの戸建て炭住は解体された。

残されたのは石炭資料館が保管したものと、近親者が持ち帰っていったもの、そして福岡県立大生涯福祉研究センターに保管された机や椅子、工具類である。日記・手帳類を目録化すると70冊となった。石炭資料館に13冊が所蔵されているから、20歳以降ほぼ全部の日記類が発見されたことになる。

② 永眠の直前まで記録　表現への執念燃やす

福岡県立大学生涯福祉研究センターでは、学生や大学院生と日記を読み進めてきた。5月からは、石炭資料館ボランティアグループ有志も週1回集うこととなった。

この間読み終えたのは4冊である。目録化し、読み深めていく中、従来の作兵衛像から変化が生じてきた。どちらかといえば作兵衛さんは「炭鉱の記録画家」「語り部としての炭鉱絵師」と、関係者をはじめマスコミからもとられてきた。2千枚ともいわれる多作をなした作兵衛さんであり、そのことは間違ってはいない。

しかし、絵筆と同時に、文章で絶えず記録を取り続ける知識人でもあったのだ。自らを学歴もなく、変わり者で頭もよくないと語り、本当にそう思っていた作兵衛さんは、それ故に、努力し記録する（対象化する）「自らが無知であることを知っているのが本来の知識人」（ソクラテス）であった。同時に

小炭坑を所帯とともに渡り歩き、博打はしないが、身体を張れる体力と胆力を持ち、無類の酒好きな生活者でもあった。絵を描き始め、名をなしてきたのは63歳を過ぎてからである。しかし、日記には生涯変わらず、天気と酒と物価の記録、政治や社会事象、そして自分を対象化しての記録が細かに書かれている。

　たとえば、敗戦の年8月、「十五日ハレ盆休。十二時重要放送アル由　無条件降伏トノ事ナルモ確実ナラズ」と朱書き、「夕方確定ス（意外ナリ）残念ナリ」と書かれている。翌年2月27日には長男光の戦死を知り「勝タザル戦争ナレバコトニカナシ」と記す。画集や本を出し、西日本文化賞などを受賞してからも、変わらず記録や自らへの反省は書かれている。絵にかかれた記録が正確なのは無類の記憶力とともに日記をたびたび読み返していたからでもある。何度も読み、自らと対話し、色を変え、手を入れた痕も出てきている。

　こうした作兵衛だからこそ、「酒を持参すれば描いた絵を渡す」といわれる無私・無欲の晩年がありえた。大切な絵を渡した訪問者の名前も日記には書かれている。

　92歳で永眠する2、3日前まで日記を綴り、24時間前まで記録しようとした表現への執念は生涯学習の体現者そのものである。近代人にはなかなか見られない、内発的なエネルギーの持ち主であった。学校に行かなくても20歳頃から自力で難解な漢字を体得し、耳の障害者手帳を持ちつつ表現してきた歩みは、筑豊の自立・やさしさを象徴している。

　私たちは個々人の思いによる〈作兵衛さんを読む会〉を発足させた。誰もが自由に出入りできる、作兵衛さんひいては筑豊のライフヒストリーを読む会である。4月までには『山本作兵衛日記類資料』として2冊が世に出る。〈読む〉作業は毎週火曜日、県立大学生涯福祉研究センターで続けられる。

（初出：『朝日新聞』文化欄、2003年3月）

(2) 内閣府経済産業省採択「世界遺産をめざす旧産炭地・田川再生事業」──
山紫水明・修験道・世界遺産の地、田川はさらに良くなれるはず

① はじめに

　〈田川市を含む筑豊は自然・文化両面でユネスコ世界遺産登録価値がある〉と、初めて書いたのは『花と緑のまち新田川創生プラン』答申（2005〔平成17〕年12月）の文書中だった。

　日本三大修験道・英彦山の自然と文化、筑豊炭田の近代産業・科学技術、そして遠賀川水系の環境・文化保護活動など、十分なポテンシャリティ（可能性・潜勢力）をもつ地域であり、人々の暮らしであった。

　「世界遺産にむけた田川・筑豊の活性化が必要だ」と構想したのは6年前、2003（平成15）年の年末から年始にかけてである。私たち田川市行政改革推進委員会は「田川はもっと良くなれるはず・そのための四十一提言」（2003〔平成15〕年12月）を市長に答申した。

　翌日、新聞等が報道してくれたのは「田川市行財政が困窮」「そのための財政・制度・人員削減」のトーンでしかなかったのである。これでは1960年代からの炭鉱閉山・旧産炭地マイナスイメージ報道の続きである。

　「〈もっと良くなれるはず〉という建設的前向きの提言」であったにもかかわらずマスコミ・世間からは負のイメージで捉えられる。

　私の無念さと悔しさは20代から続く〈逆転の発想の必要〉を駆り立てた。「盆地というすり鉢の底で、お互いがお互いを悪く言い、酒を浴びあう」、井上光晴の小説・映画『地の群れ』で描かれた構造を一点突破する道筋が必要と必死で思索した。

　時代を反映して今流行語になっている「どがんかせんといかん」は東国原宮崎県知事（当時）よりも前に田川の人が言ったと聞く。

　〈田川はさらに良くなれるはず〉は、「今でも良い田川をさらに良くする」ことである。そのためのキーワードが「世界遺産」と「保養滞在型エコツーリズム」と「産・官・民・学協働」なのである。

　「旧産炭地」とか「再生」には、従来の負のイメージがつきまとう。最初、私たちの提言書のテーマは「世界遺産をめざす癒学の郷・田川活性化事業〜

産・官・民・学が協働する保養滞在型エコツーリズムの実現〜」だった。経済産業省なども、「地方再生」から「地域活性化」へと言葉を変えつつあるようである。

文部科学省高等教育局から 2008（平成 20）年 3 月 24 日付け学長宛ての「地方の元気再生事業」公募に応募を勧められたのは名和田理事長・学長からであった。新学期の多用な 4、5 月に福岡市での説明会へ赴き、従来の実績の上で提案書を作成。5 月 15 日の締め切り前にメールと文書で提出した。まったく予想外の採択のメールと電話を内閣官房地域活性化統合事務局から 7 月 11 日に受けた。

その後、県立大学の全学的体制で推進する組織づくり、産・官・民・学の連携組織づくりにかなりの時間を要した。しかし地域とのつながり実績もあり、8 月には学内外の推進体制のめどがついた。学内協力者は学内広報「教員兼務理事室から」で公募し、学長・理事長主催の「激励会」を開催した。学外協働関係は大学との連携団体を基本に「田川元気再生推進協議会」（9 月、会長　古舘政次）が立ち上がったのである。そのメンバーを含んで事業推進のため次の四つのチームが結成された。

産業遺産群の世界文化遺産を目指す、九州・山口の 6 県 11 市や田川地域住民、約 1200 人の皆様方の参加も得、盛大に世界遺産田川国際 1000 人シンポジウムを開催することができた。

このシンポジウムには基調講演のディヌ・ブンバル氏をはじめ、ユネスコの産業遺産専門家が 3 名と、国内から 2 名の専門家が出席され、二本煙突と竪坑櫓にシンボライズされている近代化産業遺産群を世界遺産に導くために、今から超えていかなければならないハードルは何であるかを講演・討議していただいた。田川が拠点となって筑豊地域全体の石炭産業が日本の近代化を支えた歴史を正確に掘り起こし、住民の皆様方が誇りを持ち、その炭鉱文化を保存し、未来に引き継いでいくという強い思いが、一つ一つの産業遺産を結び、新しい観光産業（エコツーリズム）、ひいては世界文化遺産に向けて重要であることを改めて確認した。

この 1 年の市民の皆様方と世界文化遺産を目指したアンケート結果や資源マップなどの活発な活動内容を会場のロビーに展示した。

　私たちの大学では伝統的にボランティア活動をする学生が多く(60%以上)、これは、本大学の誇りであった。そこで学生ボランティアサークルの実態調査を既に行い、そのアンケートの結果に基づき、学生ボランティアを支援する「学生ボランティア・地域貢献センター（仮称)」の設置を進めている。さらに、「たがわ情報センター」のインターネットを活用し、ポータルサイトを立ち上げ、福岡県立大学より、田川の情報発信、地域物産ネット販売、田川観光協会の活動支援、炭坑節まつり支援を行っていく。

　今後、産・官・民・学の協働をますます密にし、大学の知的資源、シンクタンクを活用して、地域資源の開発を行い、観光、農業、健康と癒しの健康福祉産業と国際交流（東アジアとの連携）と世界遺産への登録に向けての活動を積極的に進めていく。

　2008（平成20）年7月11日に採択された本事業は県立大学が主体として実施するものであり、大学全体の体制のもとに実施されてきた。これまでの実績や継続的な事業もあったが、産・官・民・学連携・協働体制のもとに4チーム、審議機関としての元気再生協議会が実質的に活動したのは半年間だった。

　四つのチームや元気再生協議会は組織的基盤やレールはでき上がっている。来年度への事業継続が決定するのは3月中旬である。この半年間、田川活性化に向け、大きな成果があがったと思われるが、一方さまざまな反省事項もある。これらを審議・検討し、次年度につなぐ必要がある。ここでは②、③、④、⑤、来年度への継続を前提として、2009（平成21）年1月27日に内閣府に提出した事業実施調書を中心に紹介しよう。

② 世界遺産エコツーリズムの可能性 （地域調査・資源発信チーム）

　旧産炭地の誇り育成に向けた田川市調査を行い、保養滞在型観光・エコツーリズムのモデル事業を実施する（地域調査・資源発信チーム）。

・福岡県立大学が主体、産・官・民、田川元気再生推進協議会が連携・協働

　世界遺産エコツーリズムの可能性を模索するため、世界文化遺産申請リスト（国登録有形文化財の二本煙突、竪坑櫓）以外の近代化産業遺産（採炭技術及

び炭坑絵師・山本作兵衛の業績等文化的遺産を含む）の所在、価値等を調査する。また、地域資源産業遺産マップを作成。これを田川地域内外に発信・PR し、保養滞在型観光客・交流客増大を図る。さらに、保養滞在型観光・エコツーリズムのモデル事業を実施する。

1）住民アンケート調査

田川市住民 5,000 人を対象とした世界遺産認知・期待アンケート調査を実施し、今後の事業展開の指針とするとともに、アンケートを行うことによる副次的効果として、田川郡住民の、ふるさとへの誇り意識向上を図る。

2）保養滞在型観光・エコツーリズムモデル事業の実施。

田川住民・学生 30 名程度のモニターを公募し、田川地域で 2 泊 3 日ほどの保養滞在型・エコツーリズムのモデル事業を実施する。アンケートだけではつかめない双方向による住民意識を調査する。

3）先進地域現地調査（海外先進地も含む）

世界遺産やエコツーリズムの先進地域現地調査を実施することにより、今後の世界遺産登への取組、遺産の収拾・保管、及びエコツーリズム実現、地域連携・協働方法の参考とする。

4）地域資源マップの作成

田川地域エコツーリズム資料とすべく、田川地域の産業・自然・文化遺産の所在を明らかにした田川地域資源マップを作成し、田川地域内外に発信する。

③ 学生・留学生ボランティア支援（社会貢献）センターの設立（学生・留学生社会貢献チーム）

・福岡県立大学が実施主体。産・官・民、田川元気再生推進協議会が連携・協働

学生・留学生へのアンケート、12 地域団体組織化を踏まえ、社会貢献センター（仮称）を設立する。福祉系大学の伝統のもと、ボランティア活動を行っている学生・留学生を支援し、福祉総合的なマネジメント力を発揮できる質の高い人財育成を図る。

1) 学内ボランティア団体の実態調査報告書、学生及び地域へのヒアリング、分析報告書の点検

2) 社会貢献・ボランティア関連の先進地大学調査を行い、交流する。県立大学社会貢献センター（仮称）の設立・運営

3) ボランティア団体、地域団体連合の支援組織設立を行い、運営する。

4) 社会貢献センター（仮称）では、地域貢献・連携活動も兼ね田川地域活性化活動を行う。

* 活用を希望する制度として、文部科学省のGP（良い実践）事業に応募し、地方の元気再生事業の継続的活動を行う。

④ インターネットを活用した田川情報発信・地域物産の発信と観光協会の設立支援（炭坑節まつり・農産物展示・発信チーム）

・産（商工会議所、JA、田川情報センターなど）が実施主体、官・民・学、元気再生協議会が連携・協働

田川情報の発信基地となるポータルサイト立ち上げを受け、さらに充実させる。各種情報を発信するとともに、地域物産のネット販売できる体制を確立しアクセス数を増やし、かつ分析する。併せて田川地域観光推進会議、田川市観光協会を支援し、田川地区観光協会の設立を支援する。第4回炭坑節まつりの成功を支援し、もって、保養滞在型のツーリズムの成功を図る。

1) ポータルサイトを充実させる。

田川情報センターに田川地域・観光情報のインターネット上の発信基地となるポータルサイトを充実させる。そのための先進地視察を行う。

2) 田川情報の発信、地域物産ネット販売リンク体制の確立。

ポータルサイトを活用して、田川情報を配信するとともに、昨今の安全・安心指向のニーズにあった農産物を中心とした地域物産のネット流通・販売推進体制を確立する。メールマガジンを配信し、田川情報を日本全国、そして世界へと発信する。

3) 田川地区観光協会設立支援

福岡市、北九州市、東京において、中村成也商工会議所職員中心の地

　　　元創作ダンスグループ「CDR21」（メンバーの多数が福岡県立大学生）ダ
　　　ンスをメインに街頭 PR 活動を行い、地元メディアの情報番組とのタイ
　　　アップを図り発信する。
　　4）1）から3）を活用しながら、第4回炭坑節まつりの成功を支援する。

⑤ 世界遺産登録を成功させるための活動（世界遺産登録活動チーム）

・官（田川市石炭・歴史博物館）が実施主体、産・民・学、元気再生推進協議会が連
　携・協働
　　1）提案報告書への専門家・市民からのヒアリング（各チームとも行うが、
　　　特に市民意識の分析）
　　2）世界遺産化の実現とそのための要請・地域関連資産の整備活動を田川
　　　地域再生とつないで行う。
　　　第2次、第4次調査の意見を参考に、田川産業遺産の生活・コミュニ
　　　ティをストーリー化する。
　　3）世界遺産登録のための先進地調査・研究を行い研修・学習会をもつ。
　　　3カ月に一度の割合で研修・学習会をもち、世界遺産登録に向けての啓
　　　発活動を行う。
　　4）市民運動を産・官・民・学協働の視点で展開する。

「世界遺産をめざす活性化プロジェクトの成果と今後の方向」より

（2010〔平成22〕年3月）

(3) 保養滞在型エコツーリズムの実践

　　「世界遺産をめざす旧産炭地・田川再生事業〜産・官・民・学が協働する
　保養滞在型エコツーリズムの実現〜」の2年間は大きな成果と課題を残し、
　次への事業展開が行われつつある。
　　この報告書の各章にくわしく述べられている成果を端的に書けば次の七つ
　である。
　　1）田川1市6町1村の自然・歴史・文化・産業資源が数多くあり、資源
　　　一覧資料がつくられたこと。これは田川に暮らす人々に自信と誇りを

もたらしてくれる。

2）地域密着型の県立大学に社会貢献・ボランティア支援センターが設立され、社会貢献関係授業が正式科目で開始されること。学生の体験学習になりかつ地域活性化になる。

3）田川良い資源情報の IT 発信ナビができ、ツーリズム商品化ができたこと。田川の良さを日本・世界に発信でき、交流・観光人口を増やすことができる。

4）炭鉱産業遺産が九州・山口世界文化遺産の関連遺産になり、田川が海外専門家からも注目されたこと。旧産炭地の暗いイメージが、名称も産業遺産となり、筑豊・田川の人々に自信と誇りをもたらす方向ができた。

5）産・官・民・学が協働する組織ができ推進できたこと。それぞれが何をするかが見えはじめ連携活動が開始されつつある。

6）田川元気再生推進協議会の構成組織、田川地域観光推進会議が県の「ふくおか地域づくり活動賞」を受賞したり、昨年は第3回コールマインフェスティバルが全国規模の賞（第13回ふるさとイベント大賞奨励賞）をもらったこと。まちづくりの方向が示され、保養滞在型宿泊施設建設の動きも加速している。

7）2冊目の報告書で成果と課題を記録できたこと。この報告書は展開されつつある事業や市町村総合計画の参考になる。

まちづくりの成功指標は「歌と踊りと酒ができているか」だといわれる。この数年で田川には世界の民謡・炭坑節に加えて、多くの歌やダンスが若者中心にできてきたし、福岡県立大学学生中心の CDR（筑豊ダンス革命）サークルは、各地に出張公演をしている。酒も「さのよい」「さのよい酔い」などができ「めざせ世界遺産」の木札がかけられているのである。それだけでなく、産業遺産・炭鉱に関連したお土産品・商品が店頭にならび始めた。産業遺産の伝統食文化の黒ダイヤ・白ダイヤ、チロルチョコレートに加えて、ぼた山カレー、クッキーなど商品開発も出てきた。

田川に住む住民一人ひとりや田川出身者が、自分のふるさとを肯定的にと

らえ、自信と誇りを持って他地域・大都市の住民を受け入れ、交流すること
が再びはじまったのである。2009（平成 21）年 3 月開通の田川と福岡市を結
ぶ筑豊烏尾トンネルはその象徴であり、東京から 3 時間半余り、福岡市博多
駅からも車で 1 時間余りとなった。この事業は田川地域長期振興戦略プラン
『「癒学の郷」たがわの創生』（2007〔平成 19〕年発行）とつながっている。昨
年・今年のアンケートでも、田川のエコツーリズム・観光交流の癒しと学び
の可能性（ポテンシャリティ）は明らかになった。

　「天の時、人の輪、地の利」は整いつつあった。こうした文章を最後（結
び）に書けることを元気再生推進協議会、各チーム、事務局、福岡県立大学
教職員、この大型プロジェクトに関係した皆々様とともに喜び、お礼申し上
げます。

（『世界遺産をめざす旧産炭地・田川再生プロジェクト報告書』
「結び」より、2010〔平成 22〕年 3 月）

第 2 節　田川市・福岡県立大学の遺産登録活動の検証

(1) 田川市による登録に至る経緯報告（概略）

　田川市では 2012（平成 24）年 3 月末に刊行した『「山本作兵衛コレクショ
ン」ユネスコ世界記憶遺産登録記念誌』で、登録に至る経過をまとめて公刊
している。以下、資料的意味も込めて一部修正して紹介しよう。

　　当初田川市では、旧三井田川鉱業所伊田竪坑櫓（たてこうやぐら）と同第一・第二煙突（二
　　本煙突）を、筑豊炭田を代表する建造物として、「九州・山口の近代化産
　　業遺産群」（世界遺産暫定一覧表記載：2009（平成 21）年 1 月 5 日ユネスコ
　　HP 記載）の構成資産とする世界文化遺産登録を目指した取り組みを行っ
　　てきた。しかしながら、2009（平成 21）年 10 月 19 〜 21 日に東京で開催
　　された同遺産群専門家委員会において、両物件を含む筑豊の建造物につい
　　ては、散在する形で残存していてまとまりを欠くため、世界遺産の基準を
　　満たさないとの理由から、残念ながら構成資産から外されることになっ
　　た。しかし、これら一連の議論の中で、日本の近代化に大きな役割を果た

した筑豊炭田の意義、あるいは炭坑住宅や炭坑節などの筑豊に今も息づく生活文化は誰しもが認め、一定の評価を受けた。そして、近代産業遺産の調査のため、海外専門家を迎え入れた。

　その際、海外専門家が高い関心を寄せたのが、山本作兵衛が描いた炭坑記録画だった。炭坑記録画は、不動産ではないため世界文化遺産への登録はできない。しかしながら、調査で田川市を訪れたマイケル・ピアソン博士（オーストラリア）らにより、記録文書の世界遺産、つまり世界記憶遺産という分野への挑戦を示唆された。折しも、竪坑櫓と二本煙突の世界（文化）遺産運動によって、田川市民の関心も非常に高まっており、近代化遺産の保護と活用に関する意識が醸成されつつあった当時、「九州・山口の近代化産業遺産群」の構成資産から除外されたという悲報から落胆する市民の熱い想いを絶やさないためにも、田川市では「山本作兵衛コレクション」の世界記憶遺産登録を申請することになった。

　当時は日本政府に世界記憶遺産にかかる委員会が設置されていなかったため、ユネスコ一般指針に基づき、田川市単独でユネスコへの推薦書提出となった。なお、「山本作兵衛コレクション」には福岡県立大学（田川市）保管資料が一部含まれることから、ユネスコへの申請は田川市と福岡県立大学との共同提案という形となった。2011（平成 23）年 5 月開催の第 10回 MOW（世界記憶遺産）国際諮問委員会（IAC）へ向け、マイケル・ピアソン博士の協力のもとに推薦書を作成。2010（平成 22）年 3 月末、ユネスコへの申請を行った。

　2011（平成 23）年 5 月 22 ～ 25 日、英国・マンチェスターで開催されたIAC にて、日本で初めての世界記憶遺産候補となった「山本作兵衛コレクション」の審議がなされ、同月 25 日、国際リストでの記憶遺産への登録が決定したのである（「九州・山口の近代化産業遺産」）。

(2) 福岡県立大学による「日記・資料等の世界記憶遺産正式登録までの経過」報告（概略）

　県立大学では『福岡県立大学 20 周年誌～筑豊にひらく夢～』（2013〔平成25〕年 3 月）に、項目的ではあるが次のように記録している。

田川市と県立大学の、それぞれの関わりの違いがわかる。もちろん田川市・田川市石炭・歴史博物館は山本作兵衛資料（記録画・日記等）については資料館時代から保存・研究・活用していた。

2002（平成 14）年 3 月

山本作兵衛（1892 ～ 1984 年）の終の棲家（空家 18 年間）が解体される直前、「調査されたがまだ資料があるかもしれないので再調査お願いしたい」旨のファックスが保田井進元学長に入る。生涯福祉研究センター長（当時）・筑豊文化研究の森山沾一に連絡・依頼される。

2002（平成 14）年 3 月 20・23・25 日　調査

箱入り保存の日記・メモ帳、絵画、「最後の書」など発見、衣類・盃・工具類等を小型トラック 2 台分、県立大学事務局長補佐等と運び、生涯福祉研究センター地域文化資料室（分室）に保管する。

2002（平成 14）年 4 月以降

発見された日記・資料の整理、環境整備を行い、学生・院生や市民ボランティアとともに日記解読を始める。解体された棲家の柱 6 本は残る。

2003（平成 15）年 3 月 31 日

解読した日記や新聞報道資料を『山本作兵衛日記・手帳』第 1、2 巻（自費出版）として発刊。

2004（平成 16）年 3 月 30 日

『山本作兵衛——日記・手帳』解読資料集第 3 巻を福岡県立大学生涯福祉研究センター研究報告叢書第 17 巻として発刊（森山科研費と県立大学奨励研究「筑豊文化の発掘・体系化と発信に関する研究」より補助金）。

この後、継続研究をする。NHK も 60 分番組を作る。

2005（平成 16）年度より毎年 1 冊ずつ研究叢書（第 19、22、30、39、46 巻）として発刊

2010（平成 22）年度で全 10 巻の日記・資料解読を刊行。学会発表 4 回。

この間、県立大学奨励研究プロジェクトの代表は林ムツミ助手に森山沾一教員理事（当時）と交替。ボランティア団体「山本作兵衛さんを〈読む〉会」は日記解読だけでなく編集・刊行、世界遺産プロジェクトへの参画、山本作兵衛清酒・焼酎作り、新聞・テレビ報道への協力を行ってき

た。2010 (平成 22) 年度には山本作兵衛さんを〈読む〉会の規則も決定。

　平成 20、21 年度内閣府・経済産業省の地域再生事業・『世界遺産をめざす旧産炭地・田川再生事業―産・官・民・学が協働する保養滞在型エコツーリズムの実現』に県立大学 (申請者：森山教授) が採択され、その中で、地域資源発掘・発信事業に山本作兵衛研究が入る (報告書 2 冊刊行)。

　『田川再生事業』プロジェクトで「世界遺産をめざす 1000 人集会」(平成 21 年 2 月 15 日) (この関連シンポジウムは 2 年前から県立大学で開かれ 3 回目である) の中で、山本作兵衛の記録画等が国内外のユネスコ関係委員の関心を集めた。

2009 (平成 21) 年 10 月 22 日東京プリンスホテルでのシンポジウム

　二本煙突等は関連遺産となるが、山本作兵衛の記録画・日記等は高く評価され、世界記憶遺産に申請手続きを進め、2010 (平成 22) 年 3 月田川市と県立大学の絵画・日記帳など (697 点) を申請。

2011 (平成 23) 年 5 月 25 日午前 1 時、ユネスコ HP による 5 月 25 日付発表 (現地時間・英文) に基づき田川市が記者会見 (内定段階)

　その後、市長・学長・県知事との正式発表、保管・管理体制の整備が必要となる。

2011 (平成 23) 年 6 月 14 日 14 時、山本作兵衛親族が県大訪問

　山本作兵衛親族 3 名が県立大学を訪問し、今後についての意見交換を行った。

2011 (平成 23) 年 6 月 18 日 14 時、M. ピアソン博士と加藤康子 (世界文化遺産推進者) 氏の田川訪問

　マイケル・ピアソン博士と加藤康子氏 (都市経済評論家) 及び鹿児島県事務局が「九州・山口の近代化世界遺産」の関係で、北九州を訪問した折に、田川市を訪問。「田川の近代遺産を未来に伝える会」主催で歓迎会が中村美術館で行われた。この場でマイケル・ピアソン博士、伊藤信勝市長、名和田 新 学長で記者会見が行われた。

2011 (平成 23) 年 8 月 4 日 17 時、世界記憶遺産に登録した正式の認定書が田川市に到着

　ユネスコアジア・太平洋委員会の M. ピアソン博士が送付した認定書が

加藤康子都市経済評論家に届き、同氏が田川市に持参。これを受け、田川市と県立大学及び加藤康子コーディネーターで田川市石炭・歴史博物館において共同記者会見を行う。

2011（平成23）年8月5日10時15分、世界記憶遺産に正式登録されたことを知事に報告

　伊藤信勝田川市長、名和田新理事長・学長、加藤康子コーディネーター、高瀬市議会議長、安蘇田川市石炭・歴史博物館長、森山人間社会学部長、松岡田川市副市長と、この度の世界記憶遺産に正式登録されたことを認定書とともに、県知事に報告した。

　また、古田陽久・古田真美『世界の記憶データ・ブック　2017 ～ 2018 年版』（シンクタンクせとうち総合研究機構、2018 年 2 月）では次のように、紹介されている。

山本作兵衛コレクション（Sakubei Yamamoto Collection）の紹介

　「山本作兵衛コレクション」は、筑豊の炭坑での労働体験をもつ絵師・山本作兵衛（1892 ～ 1984 年、福岡県飯塚市出身）の墨画や水彩画の炭坑記録画、それに、記録文書などの 697 である。山本作兵衛は、「子や孫にヤマの生活や人情を残したい」と絵筆を取るようになり、自らの経験や伝聞をもとに、明治末期から戦後にいたる炭鉱の様子を描いた。絵と別の説明を書き、加える手法で数多くの作品を残し、画文集『炭鉱に生きる』などを通じて「ヤマの絵師」として知られるようになった。当時の炭坑の生活、作業、人情を物語る作品群は、日本社会の近代化の特徴を正確さと緻密さで克明に描いた「炭鉱記録画の代表作」である。2011 年日本では初登録であった。申請は田川市石炭・歴史博物館（福岡県田川市）と福岡県立大学附属研究所（福岡県田川市）が共同で行い、両機関に、認定証が渡されている。

(3) 山本作兵衛世界記憶遺産化活動の開始日（2009（平成21）年10月22日　東京プリンスホテルでのシンポジウム）記録

　山本作兵衛コレクションの世界記憶遺産活動が開始された日は 2009 年 10

月22日。「九州・山口の近代化産業遺産群の世界遺産化─1850年代からの60年間を問うシンポジウム」と、その夜の交流会（いずれも東京プリンスホテル）である。

　そこに「世界遺産をめざす旧産炭地・田川プロジェクト」の副代表として私は参加した。その時の様子を「報告書」に以下のように残している。

「九州・山口の近代化産業遺産群の世界遺産化
シンポジウム・交流会」に参加して

① はじめに

　10年前からスタートした九州・山口近代化遺産の国内外専門家による総括的提案の発表と、国際シンポジウムが東京プリンスホテルの会場を500人の熱気で埋め尽くして行われた。そのほとんどが残ったレセプションも盛会かつ活発なスピーチや会話が続いた（田川出身者が多く集まった）。

　私は世界遺産をめざす福岡県田川活性化プロジェクトメンバーとして参加した。この間推進してきた立場から、九州・山口世界遺産実現の意義と田川・筑豊の登録への構想を述べたい。

② 当日・10月22日の経過

　イングリッシュ・ヘリテージ前総裁ニール・コソン卿統括委員長はスライドを用いた素晴らしいプレゼンテーションで九州・山口の近代工業化に果たした非西欧世界における先進性が「世界遺産の普遍価値を有する」と述べた。ユネスコ申請へ、2008（平成20）年12月文化庁が認定した暫定リストに岩手県釜石市を加え、八つの候補エリア（1. 山口県萩の工業化初期の時代の関連資産と徳川時代の文化背景、2. 鹿児島県集成館の先駆的工業群、3. 佐賀県三重津海軍所跡、4. 岩手県橋野鉱山と製鉄所跡、5. 長崎県三菱造船所施設、炭坑の島、その他関連資産、6. 山口県下関砲台跡と条約灯台、7. 福岡・熊本県三池炭鉱、鉄道、港湾、8. 福岡県八幡製鉄所）を発表した。

　これらが、国内文化財関連法をクリアーし、日本政府によりユネスコに申請されれば、世界遺産まちがいなしと太鼓判が押された。

　1850年代から1910年、幕末から明治末までの60年間、九州・山口で石炭と鉄による工業化の産業遺産は、世界的普遍的価値を有する。九州・

山口の自立的諸藩の危機感とアジアに開かれた地理的優位性でもある。また、これら八つのエリアは単独エリアでは世界遺産の価値は持てないシリアルノミネーション（関連配置遺産）として九州・山口・岩手が一体化・連動化した遺産群なのだ。

③ 関連資産となった田川・筑豊はどう紹介されたか

新聞の各紙西部版は「筑豊がはずされ残念だが継承」と報道している。しかしながら、1910年前後、日本・アジア最大の石炭産出量を誇り、上海経由でアジアの近代化へも貢献した筑豊。今回236の遺産調査のうち80カ所が筑豊であった事実。そして、産業遺産としての炭住や、山本作兵衛の炭坑記録画物語が、シンポジウム3時間半のうち30分間をかけて報告された。

きわめて残念なことに世界遺産的価値のある広大な炭住街や三井倶楽部などは解体されており、古い写真のスライドでしか紹介できなかった。

田川・筑豊の世界的産業遺産のほとんどは、建築物や景観では消滅している。しかしながら、山本作兵衛描く川ヒラタから鉄道、炭鉱終焉までの絵物語や炭坑節、そして川筋気質のコミュニティは存続している。これらをさらに発掘し、世界遺産登録化する余地はまだまだある。八つの選定されたエリアに八幡製鉄所があり、遠賀川水源地ポンプ室（1910〔明治43〕年）がはいるなら、最大の石炭供給地・田川の遺産も加わりうる。

その意味でこの壮大なプロジェクトに身体を張って推進している加藤康子都市経済評論家の活躍はすばらしい。

筑豊を担当したM・ピアソン博士は田川・筑豊の山本作兵衛の絵物語や松原住宅、田川市石炭・歴史博物館のビジターセンター化やユネスコ「世界記憶遺産」登録構想を打ち出してくれた。

④ 明治維新、近代工業化は九州・山口から

10月22日の国際シンポジウムは、日本の工業化・近代化をグローバルな視点から産業遺産を通して明らかにしてくれた。国内外の専門委員会の奮闘努力には敬意を表したい。

そして、この第1次報告書や当日のシンポジウムは、日本近代の光と闇を全体的に捉えたものであった。

　世界史的には列強の産業資本から金融資本への移行、日本列島が勢力均衡の地理的配置でもあった。しかしながら、西欧にとって驚くべき早さの近代化と非植民地化を実現した九州・山口の先駆性を光と闇の両面から捉えるこの試みは必ず成功するだろう。そして、田川・筑豊は必ずこの物語の中に位置付くであろう。それがない限り地下に埋もれた坑夫や維新・西南戦争で倒れた人々の魂は浮かばれない。（終）

第3節　明治日本の産業革命世界遺産登録活動と世界記憶遺産

(1) 世界文化遺産登録・田川の市民活動

　平成23（2011）年5月25日（水）、ユネスコHPで突然のように発表された「世界記憶遺産」登録前後について、当時を振り返り補足の記述をしておこう。

　田川市石炭・歴史博物館を中心にした詳細な経過は、安蘇龍生元館長が『田川市石炭・歴史博物館　館報』を中心に記録している。『館報第3号』（2010〔平成22〕年3月）では「研究報告」として「世界文化遺産登録への取り組み～経過と意義～」がある。また『館報5号』には「世界記憶遺産『山本作兵衛コレクション』と今後の山本研究への試論」（2012年〔平成24〕3月）がある。これらの経過報告や論稿は他の関連文章を加えて単行本・安蘇龍生『筑豊・石炭と人々の生活』（弦書房、2018年）として出版された。その中で、市民団体「石炭を後世に残す会」も紹介されている[注1]。また、田川市が刊行した冊子『「山本作兵衛コレクション」ユネスコ世界記憶遺産登録記念誌』（2012〔平成24〕年3月、編集：田川市石炭・歴史博物館、発行：田川市）には「作兵衛コレクション」の内容や当時の動き、登録後の取り組みが多くの写真入りで纏められている。

　ユネスコ・パリ本部への申請者マイケル・ピアソン（オーストラリア・学芸員）は登録後1年半余りを経た、福岡ユネスコ協会主催の「山本作兵衛と日本の近代」シンポジウムで「私たちはチーム一丸となって努力してきた」と報告している[注2]。

　都市経済研究・評論家の加藤康子は世界遺産登録記念誌『明治日本の産業革命遺産』（「明治日本の産業革命遺産」世界遺産協議会、平成30年3月）に特別寄稿している。タイトルは「『明治日本の産業革命遺産』世界遺産登録への道のり」である。その中に「田川」の節がある。「世界遺産登録にむけて機運を盛り上げるためのシンポジウムが数々開催された。中でも筑豊の田川の盛り上がりは大きく、2008（平成20）年2月3日（世界遺産田川シンポジウム実行委員会、場所：福岡県立大学講堂、450名）、2009年2月15日と世界遺産登録にむけてシンポジウムを開催し、世論を牽引した。特に2009年の2000人が集まった（正確には1324人、主催：福岡県立大学及び世界遺産田川国際シンポジウム実行委員会、場所：田川文化センター）。田川のシンポジウムの熱気には、出席した海外委員全員が感動した」と書く。また「彼らの中心には赤平の国際鉱山会議（2003〔平成15〕年北海道赤平市）より熱心に保存運動を続けてきた市民団体の皆さんがいた」と市民運動や産・学・官・民が協働した活動を評価している[注3]。

　北海道赤平市で2003（平成15）年9月に開催された第4回国際鉱山ヒストリー会議に参加・報告し、アトラクションで「炭坑節」を披露したのは田川市の村上博士代表の市民団体「プロジェクト10」だった。それ以降、加藤康子などとのつながりで田川のシンポジウムなどの開催経過がある。この間の世界記憶遺産登録の経過報告で、不足しているのはこうした市民の活動である。安蘇や加藤の報告、そして『県立大学研究報告叢書報告』にはいくらかあるにせよ、事実を歴史に残すためにもここに紹介しておく。趣旨、構成団体は以下である。

《田川地区近代化産業遺産を未来に伝える会》へ加入のお願い

2007（平成19）年9月20日

　皆様方におかれましては益々ご健勝にてご活躍のこととお慶び申し上げます。

　さて、昨年来の新聞やテレビ報道でご存知のように、九州・山口6県8市は国（文化庁）に対して「九州・山口の近代化産業遺産群」13ヵ所を

一つにまとめた遺産群として共同提案しました。これは、国の公募に応じる形でユネスコの世界遺産暫定リストへの推薦を得るためでした。結果は、文化庁より複数の課題が示され継続審議となりました。

しかし、この13ヵ所には、田川地区はもとより筑豊の炭鉱遺産が何ひとつ候補に上がっておらず、共同提案書の欄外に検討課題の一つとして田川市の竪坑櫓・二本煙突があげられております。

申すまでもなく、過去、筑豊炭田は、官営八幡製鉄所をはじめとする近代産業への石炭エネルギー供給源の役割を担って、産業の発展に多大な貢献をいたしました。

また、炭鉱の生んだ無形文化財とも言える《炭坑節》に唄われている「竪坑櫓」と「二本煙突」は、昨年11月に田川市の所有となり、今年6月、国の文化審議会より文部科学省に「国の登録有形文化財」の答申があったところです。

私達は、昨年12月23日、「九州・山口の近代化産業遺産群」共同提案書に追加される事を目指して緊急市民集会を開催し、230名が参加、集会を成功させました。

この集会を契機として、「田川地区近代化産業遺産を未来に伝える会」を結成し、近隣自治体・企業・住民のご理解とご協力をいただきながら、「九州・山口の近代化産業遺産群」への追加の実現と、ユネスコ世界遺産を目指した活動を始めました。

また、「第18回福岡県美しいまちづくり景観賞　大賞」に輝いた「竪坑櫓と二本煙突」は、私達共有の貴重な財産であるとともに、筑豊の観光や文化、教育など多様な価値ある遺産として永く保存、活用し、地域活性化の糧としたいと念願しております。

皆様の格別なご理解を賜り、本会に加入下さる事をお願い申し上げます。

田川地区近代化産業遺産を未来に伝える会

（呼び掛け人代表）

　　会　長　名和田　新（福岡県立大学理事長兼学長）

　　副会長　柏木正清（田川商工会議所会頭）

　　副会長　中村己義（田川地区進出企業協議会会長）

```
　　　副会長　菅原　潔（田川法人会会長）
　　　副会長　森山沾一（福岡県立大学理事兼教授）
　　　副会長　安蘇龍生（田川市石炭・歴史博物館館長）
　　　副会長　村上博士（たがわプロジェクト 10 会長）
　　　外　役員一同
　　　事務局　田川市石炭・歴史博物館内
　　　　　　　田川市大字伊田 2734-1
```

　また、福岡県立大学を中心とした『日記・雑記帳』、生活用具類の発見・解読経過での市民の活動は『福岡県立大学附属研究所　研究報告叢書』の『山本作兵衛——日記・手帳　解読資料集』第 1 〜 16 巻に詳しい。特に、『研究報告叢書第 50 巻・解読資料集第 11 巻』（2012 年 3 月）は「ユネスコ世界記憶遺産登録記念号」特集である。さらに『福岡県立大学開学 20 周年記念誌・ひらく夢筑豊に育まれて』（県立大学編集委員会、2012 年 3 月）に記載されている。

(2) ユネスコ登録発表時の田川での動き

　日本時間の 2011（平成 23）年 5 月 25 日、田川市長、安蘇博物館長（当時）などと私は文部科学省内で高木文科大臣（当時）や文化庁の審議官などに、ユネスコ申請報告の挨拶を行った（写真 1 参照）。その日、私は羽田空港から福岡空港に着き、新幹線で鹿児島まで到着し、市内のホテルに宿泊していた。翌日からの『全九州人権確立社会研究集会』でのパネル・コーディネーターをするためであった。

　世界記憶遺産登録情報を得た宿泊の深夜を私は以下のように記録している。

　「23 時 31 分、田川市副市長から私の携帯に『世界遺産登録が叶い、今から記者会見発表したいけれど良いだろうか』との電話だった。私は『東京にいる市長の了解は？　大学としては学長に連絡をとってからにしてほしい』と答え、深夜にもかかわらず名和田学長・理事長（当時）に鹿児島から電話した。電話に出た学長は『それは大変良いビッグニュースだ。ぜ

写真 1　高木文部科学大臣室で世界記憶遺産申請の報告・古賀衆議
院議員、伊藤市長、安蘇館長、森山学長・理事長代理（いず
れも当時、2011 年 5 月 25 日）

ひ発表を！』と言ったので、折り返し松岡副市長に電話した。朝日新聞社
がフランスの特派員などから情報を得ていて、田川市役所の会見場は大変
だったようである。私は深夜 1 時頃からホテルのインターネットの英文で
確認したが、興奮でなかなか寝付けなかった。」[注4]

　偶然にも、この日は高木文部科学大臣（当時）、平野経済産業副大臣（当
時）、文化庁海外担当統括官などに世界記憶遺産申請の挨拶に行った日でも
あったからである。

　26 日、鹿児島の朝刊各紙には出ていなくて、夕刊からの報道であった。
しかし、福岡では朝刊から出ており、その後、1 年あまりは各メディアで
「日本初の世界記憶遺産」は大きく報道された。

　その後の動きや山本作兵衛コレクションの文献は、『田川市石炭・歴史博
物館　館報 14 号』（2021〔令和3〕年 2 月、8 ～ 9 頁）に書かれている。

(3) 福岡県立大学保管『日記・手帳』と世界記憶遺産登録への貢献

① 県立大学保管『日記・手帳』の発見

　ところで、2002（平成 14）年 3 月、18 年間空き家だった山本作兵衛・タツ
ノ夫妻の「終の棲家」が解体されることが、新聞で報道された。当時県立大

学勤務の私は、この件についての「保田井進学長への手紙」を受け取り、解体前の住居調査に入った。そこで『日記・手帳』や「最晩年の記録画」などを発見した。そして、机や工具類などを含め生活用具類を福岡県立大学に教職員とともに持ち帰った。その当時私は、大学の地域貢献機関「生涯福祉研究センター」長でもあった。

　その後、県立大学学生・大学院生、市民・住民とともに「山本作兵衛さんを〈読む〉会」を発足させ、毎週火曜日午後、発見した『日記・手帳』を読んできていた[注5]。

　ユネスコ登録の2011（平成29）年5月は、〈読み〉始めて9年目である。その後も〈読み〉続け、県立大学に現存する世界記憶遺産などの『日記・手帳』を読み終えたのは2017（平成30）年3月、16年間の歩みであった。これらの成果は当初は自費の出版で2冊、第3巻から16巻目までは『福岡県立大学生涯福祉研究センター研究叢書』として文部科学省の科学研究費助成や県立大学学内研究補助金、そして後半は市民基金で刊行された。これらは山本作兵衛研究の基礎資料である。

②『日記・雑記帳』解読と世界記憶遺産登録への貢献

　山本作兵衛は現在わかっているだけで81冊の『日記・雑記帳』を残した。その内の79冊が世界記憶遺産に登録されている[注6]。

　作兵衛の書いた日記の存在は早くからわかっていた。1996（平成8）年『田川市美術館開館5周年記念山本作兵衛展図録』の工藤健志学芸員による詳細な年表には、日記を参照した年譜がある。これらは現在、田川市石炭・歴史博物館に所蔵されている13冊からの引用と思われる。

　このように日記解読による実証的先行研究が行われていたにも拘らず、2002（平成14）年3月、『日記・雑記帳』の発見とその解読にあたって、「個人のプライバシー保護」から、かなりの批判が聞こえてきた。

　私たち、「作兵衛を〈読む〉会」はそのような批判にも答えるべく、プライバシー保護や人権には最大限配慮した。その配慮を凡例にも記述しながら16年間かけ、68冊の『日記・手帳』をすべて解読してきた。山本作兵衛研究の重要な基礎資料になると確信していたからである。

　日記が世界記憶遺産登録への貢献となった具体的事例を次にあげよう。

　2010（平成22）年3月2〜4日、マイケル・ピアソン博士が山本作兵衛コレクションの世界記憶遺産可能性の実態や内容把握のため田川調査に来られた。氏は前年10月22日のイコモス世界遺産専門家委員会会議のメンバーであり、その夜、「山本作兵衛記録画などの世界記憶遺産申請」を提案した人物である。この時などの旅費などは民間が負担した。

　安蘇元館長は「記録画と日記のつながりの記録性」について、以下のように書き記している。世界記憶遺産登録にとり重要である。かなり長いので、要約を記述しよう。

　　「ピアソン博士が注目して精査したのが、『米騒動』（の記録画）であった。（中略）山本が米騒動を説明している記録を見せるよう指示された。すぐさま、県立大が保管して解読中の日記を取り寄せて照合した。（中略）これらの内容と記録画を対比して検討していたピアソン博士は、了解の合図をだし、炭坑記録画と日記など本人の記録とが一致している事が重要であり、これがドキュメントであると説明した」注7

　日記の記述が、世界記憶遺産達成に大きな役割を果たした真正性の証明記述である。「九州山口近代化産業遺産」では筑豊が関連遺産候補にしかならなかった。その後、調査旅費などの財政負担は田川地域住民・経済界の協賛金であり、会計担当や窓口での調整は安蘇龍生元館長が行っていた。

　次に、作兵衛記録画とともに『日記・雑記帳』に書かれていることを評価し、最初に「山本作兵衛コレクション申請」を提案したマイケル・ピアソン博士が、登録経過や田川地域の市民意識についてどのように評価していたかを述べていく。

　証言は作兵衛コレクションが世界記憶遺産に登録されて、1年半を経て、福岡ユネスコ協会による「福岡国際文化セミナー」（2012〔平成24〕年11月17日）が開催されたときに言われた。この内容は主宰し、ユネスコへの推薦人でもあった有馬学福岡市博物館館長（現総館長）によって纏められ『山本作兵衛と日本の近代』（弦書房、2014年8月）の書名で刊行されている。その中

より、登録経過と田川市民意識への評価の一部を引用する。当時の状況から当然であるが所属のまちがいなどは今回修正した。

③ マイケル・ピアソン博士の証言（一部）

それから、筑豊地域、特に田川地域に関して非常にめずらしいことは、数多くの外国人炭鉱労働者の記念碑などが残されていることである（写真2、3）。私の個人的な経験でいうと、日本の中にこういう海外労働者の記念碑などが残されているのは非常に珍しいケースである。これもこの地域の歴史を見る上で、また外国人労働者を尊重した筑豊地域の人々の心情を知る上で、非常に重要なものだと思う。

これは筑豊全体にいえることであるが、特に田川地域においては、そこに住んでいる方たちは疑いようもなく過去の炭鉱の歴史に非常に大きな誇りを持っている。もちろん、それは静かに、そして我慢強く維持している誇りであり、非常に足が地についた形で、旧産炭地であったという自分たちの歴史について、過去との絆と炭鉱の歴史への敬意を心の中に持ち続けていると思う。

そして、その田川の地域に何があったかというと、まさにこの山本作兵衛さんの絵があったわけである。私の個人的な見解で言わせていただくと、これこそまさに世界記憶遺産の本当に完全な、そして非常に珍しい対象になった理由だと思う。また国際的にも大きな関心を呼ぶことができると確信を持っている。

そういった確信もあり、私たちは

写真2　田川市の韓国人徴用犠牲者慰霊碑

写真3　田川市の中国人炭鉱労働者鎮魂の碑

チーム一丸となって努力をしてきた。そのメンバーとしては、田川市石炭・歴史博物館館長の安蘇さん、福岡県立大学附属研究所の林さん、福岡県立大学の森山先生とゲイル先生、それから加藤康子さんと私自

写真4　田川地区炭坑殉職者慰霊之碑（石炭記念公園の丘）

身、さらに田川市の伊藤市長と山本家のご遺族の皆様。こういった人々が一丸となって、2010（平成22）年の3月に世界記憶遺産の登録の推薦を届けたわけである（当時実務を担ったのは田川市石炭・歴史博物館福本寛学芸員、県立大学附属研究所林ムツミ助教であることを付記しておく）。

　（有馬学、マイケル・ピアソン、田中直樹、福本寛、菊畑茂久男『山本作兵衛と日本の近代』弦書房、2014年8月、53〜56頁）。

第3章　作兵衛コレクション登録の反響とその後

第1節　世界記憶遺産登録前後——なぜ、世界記憶遺産なのか

(1) 地の底を労働し、本当の知識人だった山本作兵衛

① 世界が認めた三つの理由

　福岡県筑豊地方の炭鉱労働の様子などを表現した山本作兵衛さんの記録画、日記やノート697点が、日本で初めて国連教育科学文化機関（ユネスコ）の世界記憶遺産に登録された。アンネの日記やベートーヴェン交響曲第九の自筆譜と同じように、人類が長い間記憶して後世に伝え共感できる価値がある「Collective Memorory」と認められたのである。

　評価された理由の第一は炭鉱労働者である当事者自身が記録画を描いている、あるいは日記やノートを残している点が挙げられる。国宝の文書や貴族、武士などが残した伝聞記録ではないことが、貴重できわめてユニークと判断されたのである。

　二つ目は、200年をかけてゆっくり産業化・工業化した西ヨーロッパに対し、明治、大正、昭和をまたいでスピーディーに100年余りで近代化した日本の歴史とも深く関係してくる。作兵衛は1892（明治25年）に生まれて7歳から炭坑作業を手伝い、1984（昭和59）年に亡くなるまで三つの時代を生き抜いた。ヨーロッパでは親・子・孫の3世代を通して体験する近代化の歴史を、作兵衛は一人で体験できたといえる。産業化・エネルギー革命という

日本の近代史を一人の人生で記録し、表現できている。これも大きな理由であろう。

　三つ目は、作兵衛自身が真面目にこまやかに几帳面に、記した正確な記録という面である。炭鉱記録画を残すきっかけは、石炭から石油へとエネルギー転換期を迎えて「ヤマが消える」時期である。それは炭鉱が閉山されるだけでなく、シンボルであったボタ山すらもなくなることに対するむなしさであった。祖父母や親の時代は何も残されていない、だからこそ自分は子や孫に残したい。その執念が克明な描写・記述につながったのである。その思いが最初の原点でもあり、最後まで続いたエネルギー源でもあった。まさに表現したい・残したいという人間の根源的な欲求が結実している。

② 全員一致の記憶遺産

　田川市石炭・歴史博物館や福岡県立大学には、作兵衛のご遺族が無償で寄贈したり、保管を委託した絵画作品589点と日記やノート108点がある。

　2008（平成20）年度に県立大学の地域貢献事業として、内閣府・経済産業省の「世界遺産をめざす旧産炭地・田川再生事業」が採択された。作兵衛研究も大きな柱だった。2006（平成18）年、田川市の旧三井田川鉱業所伊田竪坑櫓や二本煙突を「九州・山口の近代化産業遺産群」として世界遺産に登録する活動が田川でスタート。ただ、2009（平成21）年10月には保存が不十分との理由で構成リストから漏れ、関連遺産としかならなかった。

　しかし、1300人規模のシンポジウムを開くなど産・官・民・学で取り組む中で、国際記念物遺跡会議のマイケル・ピアソン（オーストラリア）やスチュアート・スミス（イギリス）などが作兵衛の記録画と日記を高く評価しピアソン博士の提案で、記憶遺産の登録へと方向転換した。国ではなく地域としての申請だったので、3％の可能性にかける思いで進めた。その結果、日本で初めて、そして唯一の世界記憶遺産にユネスコ委員全員一致で決まったのである。

　日記が伝える知識人作兵衛は記録画と同時に日記やノートも遺産登録された。日記からは、作兵衛が本当の知識人であったことがうかがえる。「自らが無知であることを知っているのが本来の知識人」というソクラテスの言葉

がある。まさにその通りである。耳が不自由で兵役にとられなかったことや口数が少なく人は良いが変わり者と揶揄されていたことで「自分はダメなんだ」と語っている。しかしそれゆえに、努力を怠らず日記やメモで誠実に記録し続けることができた。

日記には、80歳を過ぎても反省の念が書かれている。自分と語り続け、生涯学ぶ姿勢を貫いたのである。

「ミンナニデクノボートヨバレ」という宮沢賢治の詩「雨ニモマケズ」と同じである。日記には作兵衛が表には出さなかったエネルギー・心情や事実が書かれている。

さらに、ほかの労働者や生活・くらしについても細かく記している。米の値段がどうだ、天気がどうだ、酒をどれくらい飲んだとかが書かれている。そういう事実が、人類の歴史として貴重なのである。今、この時代に生きてくる。だからこそ、記録画とともに日記やノートもまた大変重要なのである。

③ 苦しみの中の豊かさを知る

近代社会、私たちの暮らしが物質的に豊かになり、便利になったのは、石炭と鉄のおかげといえる。記録画にはそれを作り出してきた人たちのくらしや労働が描かれている。作兵衛さんの父親福太郎が川ひらた（石炭を運ぶ舟）に乗って恨めしそうに蒸気機関車を見ている絵がある。近代化の光と闇を表現した一枚である。近代化への疑問や懐疑とも解釈できる。

2011（平成23）年3月の東日本大震災で時代は原発問題に翻弄され、風力や太陽エネルギーに関心が高まっている。まさに作兵衛が向き合った石炭エネルギー転換期と同じである。近代化、合理化にマイナス面もついてくる可能性を示唆していた作兵衛翁の記録画。だからこそ、作兵衛の生きた92年間をもう一度見直してほしいと思う。

そして、決して楽ではない暮らしにあっても、力まない姿や生活がさらっと描かれていることにも注目してほしい。つらい日々を送る被災者の方々も多いと思われるが、「どっこい私は生きてきたんだ」という自信や勇気を感じてもらいたい。闇を貫く光の柱が見えるのではないだろうか。仲間がいる

喜び、日々の楽しみなど、苦しい中にも豊かさがあったところを学んでほしいのである。

④ ブームで終わらせない

　作兵衛コレクションをブームで終わらせてはならない。今、日本初世界記憶遺産登録の快挙によって、現在は第3次作兵衛ブームと言って良いだろう。第1次ブームは1963（昭和38）年に『明治大正炭坑絵巻』を出版したときから1986年頃まで、第2次ブームは2002（平成14）年に作兵衛さんの「終の棲家」から日記などが見つかったときからの数年間だろう。

　ブームで終わらせないために、作兵衛さんを生前知っている人たち、関係者に人物像を聞き取り・ヒアリングしていく必要がある。現在発見されている遺産は、絵画1038枚、ノート10冊、日記74冊など。これからは作兵衛の生涯をその志とともに実証研究していくことも大事になる。

　と同時に、少しでも良い生活を求めて多くヤマを転々とする、現代でいう日雇い派遣労働者や技術者の姿も映し出されている。それは一番危険な地底からの視座であり、ありのままの生き様なのである。

　ただ、それは炭鉱のすべてでないことも知っておかなくてはならない。あくまでも一人の炭鉱労働者から見た炭鉱の一面である。さまざまな側面と照らし合わせながら炭鉱の歴史をひもとくことも今後の課題である。

　岩手県の詩人・思想家 宮沢賢治、山口県の詩人 金子みすゞ、千葉県から奄美大島に移り住んだ日本画家 田中一村のように無名のまま亡くなった偉人たちがいる。これらをあらためてすばらしい文化創造や生涯学習の対象として見つめ直し、地域が一体となって盛り上っている例は少なくない。

　「筑豊で育った山本作兵衛さん」も同様に、筑豊にある日本三大修験道のひとつ英彦山なども含めた風土、自然とセットで知ってもらうようにしていきたいものである。

（山本作兵衛『［聞き書き］ヤマの記憶』西日本新聞出版社、2011年10月掲載）

(2) 福岡県立大学での取り組みとこれからの展望

① 「世界遺産をめざすエコツーリズム実現による田川活性化」

　2 年間（2008、2009 年度）継続した経済産業省プロジェクト三大柱の一つは「田川の地域資源発掘、発信」であった。埋もれていた多くの地域資源が確認された。その中核に位置づいた林ムツミ代表の福岡県立大学奨励個別研究選定プロジェクトはこの研究叢書シリーズ作成である。同時に山本作兵衛原画の所在、制作年代のデータベース化に取組んできた。福岡県立大学の重要な社会貢献活動である。

　前者はボランティア団体の「山本作兵衛さんを〈読む〉会」による解読・編集作業が中心的役割を果たしている。後者は林代表とプロジェクトにも参加した久永生涯福祉研究センター長、そして〈読む〉会メンバーの原画発見活動・情報交換による組織的作業である。

　これらが、ユネスコ（国連教育科学文化機関）の MOW（世界の記憶）登録に向け果たした活動と、世界水準の田川・筑豊地域社会への誇り発掘・自覚・発信への進捗状況を書き記しておく。

② 筑豊炭鉱文化史の研究

　こうした地道ではあるが必要な基礎的研究活動は筑豊三部作（『筑豊―石炭の地域史』（日本放送出版協会、1973 年）、『筑豊讃歌』（日本放送出版協会、1977 年）、『筑豊万華―炭鉱の社会史』三一書房、1996 年）を著し、『筑豊石炭礦業史年表』（1973 年）作成事務局長であった故永末十四雄（1925 ～ 1995 年、元田川市図書館長・前近畿短期大学教授）の遺言的指摘でもあった。彼は「作兵衛さんの画が何枚書かれたか等の実証的研究は、ジャーナリズムの世界でもてはやされた割には行われていない。こうした研究がないことには作兵衛さんの業績も砂上の楼閣となる」と福岡県立大学で「地域文化論」を講義していた晩年、よく語っていた。

　故上野英信（1923 ～ 87 年、記録文学作家）・晴子は自身の炭坑労働の経験をもとに、そこでの文化や人々の生き様（単なる生き方とは違う生活をかけた在り方を氏はこう言った）を記録し文学とした。私家版の『せんぷりせんじが笑

った！』をはじめ、『追われゆく坑夫たち』（岩波新書、1960 年／岩波同時代
ライブラリー、1994 年）から『写真万葉録・筑豊』（全 10 巻、葦書房、1984 ～
1986 年）まで、膨大な記録文学や写真を残している。そして今、谷川雁や森
崎和江とともに刊行した文学運動誌『サークル村』の 1 年間半継続した「九
州・山口サークル村運動」の再検証の動きが 30 歳代の研究者・文学者や当
事者たちとともに行われている。

　2011（平成 23）年 3 月 20 日、21 日、福岡県中間市で 60 名弱による「サー
クル村（第 2 期）終刊 50 周年記念集会」が催された。私は 2 日間とも参加し
たが、来ているメンバーは当時の体験世代、そして戦後文学を研究している
新進の大学院生など多様な人々だった。

　1940（昭和 15）年生まれで『幻影のコンミューン──「サークル村」を検
証する』（創言社 2001 年）を著わした文学者松原新一が、そこに集う人々の
属性について鋭いまとめ方をしていた。すなわち、「一、当時、九州・山口
でサークル村前後の活動に参画していた人々。二、当時、これらの活動を畏
敬の念をもってみていたり、本を読んでいた人々。そして、第三はこれらの
活動を歴史的、文学的に位置づけて研究しようとしている特に若い人々」の
集いという。私は福岡市を中心に部落解放運動に関わるなかで、外から畏敬
の念を持って追体験しようとした、遅れてきた青年であった。

　これらの人々による思想的総括や実証的の検証がなされていることに、筑豊
文化発信プロジェクトや山本作兵衛さんを〈読む〉会も刺激を受けて良い。

　思想的総括や分析・考察はともかく、実証的な研究が〈筑豊文化〉につい
て行われることは重要である。

③ ユネスコ世界記憶遺産（Memory of the World）への登録手続き

　2010（平成 22）年 3 月に刊行された『世界遺産をめざす旧産炭地・田川再
生プロジェクト報告書～産・官・民・学が協働する保養滞在型エコツーリズ
ムの実現～』（県立大学・経済産業省九州経済産業局、A5 判 282 頁）には、31 頁
にわたって、1,020 枚の作兵衛による炭坑記録画が制作年代、タイトル、所
蔵者をデータベース化できている。そして、竪坑櫓と二本煙突が世界文化遺
産「九州・山口近代化産業遺産群」の関連遺産になったが構成遺産からはは

ずれたこと、関連遺産として評価されたことが書かれている。新聞報道などでは「世界遺産候補からはずれる」などだけを書かれ、関連遺産のことは言われていない。

また、昨年度（2010〔平成22〕年）の『研究報告叢書　第46巻』には、関連遺産となった経過と「世界の記憶遺産」のことが書かれている。

2009（平成21）年10月22日、東京プリンスホテルで開催されたユネスコ国内外専門家委員会による評価報告には国際シンポジウムでの山本作兵衛の記録画は大きな位置を占めていた。筑豊地区の近代化産業遺産がほとんど失われており関連遺産にしか認定できないのに対し、山本作兵衛の記録画（田川市立石炭・歴史博物館蔵の584枚）は各専門家の大きな関心であった。

その後の懇親交流会に田川出身東京在住の人々が同窓会などを通して参加されていた。記録画の普遍的な価値とこれらの人々の熱意や思い出話の中から、オーストラリアのマイケル・ピアソン学芸員や九州・山口近代化産業遺産の世界遺産化推進者、加藤康子経済評論家が発想したのが世界の記憶へ登録の挑戦であった。

しかも、山本作兵衛は日記やメモ帳を綴っており、日記の〈解読〉はそれまでの8年間脈々と進められてきたことも意味があった。描かれた記録画も1,020枚が確認されている。

これらの遺産をユネスコ世界記憶遺産（MOW・Memory of the World）とするプロジェクトが始まったのである。

マイケル・ピアソン博士や加藤康子経済評論家が田川市石炭・歴史博物館や県立大学生涯福祉研究センターを訪れ、「人類の普遍的価値」の学術的状況、保管・管理・活用状況を調査した。その前後、必要書類の作成作業・合意に至る経過は大変な労力を要した。

2010（平成22）年3月27日に加藤グループ翻訳・作成の英文による申請書をマイケル・ピアソン博士の仲介・登録事務でユネスコ事務局に申請することができた。

田川市が議会の関係で公にすることになり、翌月の4月7、8日の新聞各紙（4社）で大きく報道された。申請されたのは石炭・歴史博物館と県立大学が所蔵・管理する炭坑記録画589点と日記、メモ類108点である。6月26

日には、『日本経済新聞』の文化欄に大きく報道された。

　文化庁としては、源氏物語や雨月物語を日本ではじめて申請する予定であるという（1月 NHK ニュース報道）。2011（平成 23）年 5 月には発表予定であるが、国内そして県立大学・田川市・県での受け入れ態勢を準備しておく必要がある。

④ 今からのこと

　2011（平成 23）年度、世界の記憶遺産への登録取り組み、県立大学内倫理委員会での登録手続きで多くのエネルギーを〈読む〉会は費やした。それらを行う中で、ボランティアとしての〈読む〉会の規約もできた。この 1 年の歩みは困難なことが続いたとの思いは私だけではあるまい。しかしながら、通年 10 巻となる、研究叢書も発刊される。継続は力である。

　1月 27 日には、田川地域観光推進会議（2 年間連続して福岡県地域づくり活動奨励賞受賞）主催による、350 人規模での「暮らしの中のいいとこ見つけ・身の丈観光・エコツーリズム・電気自動車」がテーマのシンポジウム（福岡県立大学大講堂）が開かれた。電気自動車が田川ではじめて 2 台展示された。

　そのあとの「田川食べ歩き」（県立大学生協食堂）は登録者（事前会費 2,000円）のみで 136 名の参加者となり大盛況だった。あらためて、田川にはおいしい特産品があることを知った人たちは多いだろう。この会はホタルが出る 6 月頃再びおこなうことが反省会の中で出されていた。

　2月 20 日（日曜）には、九州・山口近代化産業遺産の世界遺産登録推進に向けてのシンポジウムが福岡市天神の福岡銀行本店ホールで開催された。会場はほぼ埋まっており、ロビーには各地の取組パンフレットやポスターが置かれていた。そのシンポジウムの中、後にマイケル・ピアソン博士やユネスコ国内専門委員の西村教授・岡田教授、そして加藤康子コーディネーターと MOW についても話をした。

　それらを通じての、そしてその後のメール交流を通しての、私の感触で世界記憶遺産達成は 7 割の可能性である。

　たとえ、世界の記憶遺産、アジア太平洋地域記憶遺産にならなかったとしても、これらの活動は日記を読み終え、記録画の枚数確認できるまで継続す

る必要がある。

　何よりも、アジアの中で先駆けて近代化を推進してきた動力源・筑豊炭田の地の底に埋もれている人々の供養と、推進の事実を明らかにするためである。

（『福岡県立大学附属研究所　研究叢書』第 49 巻、2011〔平成 23〕年 3 月）

第2節　石炭関係者では知られていた作兵衛記録画と日記

(1) 日本初世界記憶遺産達成の経過と価値

① 人類の普遍的価値、客観性と山本作兵衛

　国連教育科学文化機関（ユネスコ）は 5 月 25 日、福岡県筑豊の炭坑労働の様子などを独特の手法で表現した画家、山本作兵衛（1892〔明治 25〕～ 1984〔昭和 54 年〕）の絵画や日記 697 点が、「メモリー・オブ・ザ・ワールド」（MOW、通称・世界記憶遺産）に登録されたとホームページで発表した。

　日本の世界記憶遺産への登録は初めてのこともあって、マスコミやメディアは 25 日早朝以降、連日報道を続けている。

　人類が長い間記憶して後世に伝える価値があるとされる楽譜、書物などの記録物をユネスコ世界記録遺産諮問委員会が選定する活動は 1992（平成 4）年から行われて来た。これまでに、人権宣言（フランス）、ゲーテ直筆の文学作品・日記・手紙等（ドイツ）、アンネの日記（オランダ）、清朝時代の満州語による機密文書（中国）など 76 カ国 193 件が登録されていた。

　日本からは現在、国宝の藤原道長の日記や伊達政宗の時代、仙台藩士支倉常長らが欧州から持ち帰った「慶長遣欧使節関係資料」が申請されており、2 年後に結果が出る。

　老衰で亡くなる 92 歳まで記録画や日記を描き続けた山本作兵衛は福岡県筑豊地域の飯塚市で生まれ、七歳から兄とともに炭坑の仕事を手伝い、14歳から地の底の坑内に入り、63 歳まで炭坑で働いた。炭坑が栄え、石油へのエネルギー革命による炭坑の衰退を坑夫として体験してきたのである。

　筑豊各地の炭鉱で働いた体験を基に「子や孫にヤマ（炭鉱）の生活や人情

を伝えたい」と60歳代から鉱山労働者の日常を墨や水彩で描いたのである。中に解説文を書く手法で現在確認されている1,038点以上の作品を残し、うち約585点は福岡県有形民俗文化財に指定されている。個人所蔵している方もおられるので文化財として公共機関に保管する必要があった。

② なぜ世界記憶遺産に申請したのか

　申請・登録されたのは、遺族が筑豊の田川市石炭・歴史博物館に無償で寄贈、あるいは同市の福岡県立大学に保管を委託した1914（大正3）〜84（昭和59）年ごろの作品589点と日記・メモ類108点、合計697点である。

　狭い坑内で採炭する半裸の男女や採炭工具、ガス爆発の惨状、混浴の習慣や炭住での子どもの遊びなど、明治から昭和の労働と生活を克明に伝える絵と日記や手帳類である。

　田川市や福岡県立大学、そして市民・住民は当初「九州・山口近代化産業遺産群」の一環として、旧三井田川鉱業所伊田竪坑櫓や炭坑節のモデルになった伊田竪坑第一、第二煙突（いずれも国登録文化財）の世界遺産登録を目指していた。2008（平成20）、2009（平成21年）度に、福岡県立大学の地域貢献事業として内閣府・経済産業省の地域再生事業・『世界遺産をめざす田川活性化事業―産・官・民・学が協働する保養滞在型エコツーリズムの実現』が採択され、その中に山本作兵衛研究も入り、残された絵画の確認も行ってきた。世界遺産をめざす1000人シンポジウム（1300人集う）などを筑豊・田川市で行う中で、国内外のユネスコ学術専門家が訪れ、作兵衛さんの記録画に注目が集まったのである。

　海外の専門家たちは「炭鉱の労働と生活を描いたユニークな記録」などと絶賛した。田川市と県立大学は専門家の一人で世界遺産選定にも携わった経験があるオーストラリアのアジア・太平洋委員会マイケル・ピアソン博士（産業考古学）を通じ昨年（2010年）3月、パリの世界遺産事務局に日本で初めて申請書を提出した。

③ 60歳から亡くなる寸前92歳まで描き続けた人間性や執念

　2002（平成14）年3月、「一応の調査は終わったが、まだあるのではない

か」という作兵衛さんの家族からのファックスが県立大学学長を通じ私に届いた。解体寸前の作兵衛さんの最後のすみかに同僚などと6度訪問し、押入れの奥や衣装函から、きちんと整理された日記・ノート類の箱、原画、葬式参列者名簿、そして「最後の書」とメモされた便箋の用紙などを発見した。学生・院生やボランティアとともに、「山本作兵衛さんを〈読む〉会」を作り毎週火曜日に日記を読み深めている。

　どちらかといえば作兵衛さんは優れた記憶力をもつ「炭鉱の記録画家」「語り部としての炭鉱絵師」と、関係者をはじめマスコミからも捉えられてきた。2千枚ともいわれる多作をなした、作兵衛さんでありそのことは間違ってはいない。

　しかし、絵筆と同時に、文章で絶えず記録を取り続ける知識人でもあった。田川市文化功労賞や西日本文化賞を受賞しても、自分を学歴もなく、変わり者で頭もよくないと語り、本当にそう思っていた作兵衛さんは、それ故に努力して記録し、自分を対象化できる「自ら無知であることを知っているのが本来の知識人」（ソクラテス）であったのである。

　と同時に中小の炭坑（小鉱山）を家族とともに渡り歩き、身体を張れる体力と胆力を持ち、無類の酒好きな生活者でもあったのである。絵を描き始め、名をなしてきたのは65歳を過ぎてからであった。しかし、日記には生涯変わらず、天気やお酒と物価の記録、政治や社会事象、そして自分をみつめての記録が細かに書かれている。

　1945（昭和20）年の終戦日には「十五日ハレ盆休。十二時重要放送アル由無条件降伏トノ事ナルモ確実ナラズ」と朱書き、「夕方確定ス（意外ナリ）残念ナリ」と書かれている。翌年2月27日には長男光の戦死を知り、「勝タザル戦争ナレバコトニカナシ」と記している。

④ 絵の評価と歴史的・芸術的価値

　1963（昭和38）年から、周りの人たちの勧めで画集や本を出し、炭鉱や歴史関係者の間で全国的に有名になってからも、変わらず自分への反省や日常の記録が日記に書かれている。絵に描かれた記録が正確なのは無類の記憶力とともに日記をたびたび読み返していたからでもあることがわかる。何度も

読み、自らと対話し、日記にペンや色鉛筆でなぞった痕も出てきている。

こうした作兵衛さんだからこそ、お酒を持参すれば家にある酒とともに飲み、語り、描いた絵を渡す、無欲の晩年がありえたのである。絵を渡した訪問者の名前も書かれている。当時田川市立図書館長だった永末十四雄は、彩色を施すことをすすめ、筑豊炭鉱を記録し続けた作家上野英信は山本作兵衛の自宅に家族ともどもたびたび訪れ、もっとも尊敬する人と語っている。

絵画の芸術的価値は現代芸術家の菊畑茂久馬などが芸術・表現の根源性を持つと尊敬・評価してきた。

92 歳で永眠する 8 日前まで日記は記入され、前日まで記録（絶筆）した表現への執念は生涯学習の体現者そのものであり、ユネスコの海外専門家たちが評価したのは当然のことだった。

契約好きの近代人になかなか見られない、炭鉱の盛衰を子や孫に残したいという情の深い、内発的エネルギーの持ち主でもあった。学校に行かないでも自力で難解な漢字を体得し（20 歳頃より）、障害者手帳を持ちつつもさわやかに表現してきた歩みは、九州・筑豊の自立・やさしさを象徴しているとともに、大震災後の東日本の人々をも勇気づけるであろう。

⑤ まとめ

現在、ユネスコの公式ホームページの発表やユネスコ国内委員会への連絡は来ているが、正式文書も近く届く。今後、田川市長・県立大学学長・福岡県県知事の正式発表が文書の届いた時点で行われる。

それに向けて、保管・管理・公開体制の整備が早急に必要となる。このきわめて貴重な、体験した人物による記録という人類の普遍的価値を持つ遺産が世界の人々に希望を与えることを期待する。

そして、日本国内暫定登録されている「九州山口近代化産業遺産群」の一日も早い世界文化遺産承認を望む。

「筑豊の山本作兵衛さんが記憶遺産へ」

（NHK テレビ「視点・論点」の原稿、2011 年 6 月 9 日）

(2) 山本作兵衛さんの日記を〈読む〉——闇を光とした日本初世界記憶遺産

① 生涯記録し続けた作兵衛さん

　山本作兵衛は、通称「作たん」とも呼ばれていた。1892（明治25）年、筑豊炭田初期に生まれた。岡蒸気（鉄道）の開通により当時花形であった石炭を運ぶ船頭を失業した父と7歳から地底にもぐり、50年間を坑夫や鍛冶職人として過ごした。

　ほとんど行けなかった学校時代に絵をほめられたことなどから、17歳でペンキ職人をめざし、20歳で奮起して辞書を丸覚えするように自学自習（そのノートも残る）をした。働きながらも安全ポスターコンクールに応募したり、雑誌に投稿などもしている。

　しかし、1952（昭和27）年、還暦の日記でも自らを貧乏なくらしと書き、家族のぬくもりをよりどころにつつましい労働者生活を送っていた。この頃から新聞広告の裏や原稿用紙に炭坑の記録を書きはじめる。61歳のおわり、墨絵で「高田馬場」（5月2日）や5月17日の誕生日に（坑内絵12枚をかく）と日記に記している。

　1963（昭和38）年、木曽重義や義弟の長尾達生などに見出され、その後、永末十四雄（当時田川図書館長）に彩色をすすめられ、上野英信（記録作家）により、全国に知られるようになった。生涯尊敬し連れ合った上野は、1984（昭和59）年12月19日の永眠後の葬儀で「遺言により、作兵衛さんバンザイ！」と送った。絵画の芸術的価値は現代芸術家の菊畑茂久馬などが傾倒し評価してきた。

　炭鉱や近現代歴史関係者の間で全国的に有名になってからも、日記には自分への反省や日常の記録が書かれている。

　記録画に書かれた詞書が正確なのは無類の記憶力とともに日記をたびたび読み返していたからでもある。何度も読み、自分と対話し、日記にペンや色鉛筆でなぞった跡も出ている。

　こうした作兵衛だからこそ、お酒を持参し酌み交わせば、描いた絵を渡す無欲の晩年がありえた。絵を渡した訪問者の名前も日記には几帳面に書かれている。

山本作兵衛は、産業社会のエネルギー源・石炭の初期から、最盛期、そして 524 あった「ぼた山」すらなくなる衰退期までの 92 年間を筑豊で生き抜き、記録への執念で闇を光とした。

② ユネスコ世界記憶遺産になぜなったのか

国連教育科学文化機関（ユネスコ）のホームページは 5 月 25 日、山本作兵衛（1892〔明治 25〕～ 1984〔昭和 59〕年）の絵画や日記類が、「メモリー・オブ・ザ・ワールド」（MOW、通称・世界記憶遺産）に登録されたと発表した。

日本初の世界記憶遺産登録であり、マスコミ・メディアは連日報道を続け、2011（平成 23）年の共同通信 10 大ニュースでは九州で 6 番目、福岡県では 4 番目の重大ニュースの快挙となった。

人類が長い間記憶して後世に伝える価値があるとされる楽譜、書物などの記録物をユネスコ世界記録遺産諮問委員会が選定する活動は 1992（平成 4）年から行われてきた。これまでに、人権宣言（フランス）、ゲーテ直筆の文学作品・日記・手紙等（ドイツ）、アンネの日記（オランダ）、清朝時代の満州語による機密文書（中国）など、そして韓国では 1980（昭和 55）年 5 月の光州事件の人権文書が登録された。

申請・登録されたのは、遺族が筑豊の田川市石炭・歴史博物館と福岡県立大学にある記録画 589 点と日記・メモ類 108 点、合計 697 点。

狭い坑内で採炭する半裸の男女や採炭工具、ガス爆発の惨状、混浴の習慣や炭住での子どもの遊びなど、明治から昭和の労働と生活を克明に伝える記録画と日記類である。

田川市民や石炭・歴史博物館、県立大学は最初「九州・山口近代化産業遺産群」の旧三井田川鉱業所伊田竪坑櫓や炭坑節にうたわれた竪坑煙突（いずれも国登録文化財）の世界文化遺産登録をめざした。2008（平成 20）、2009（平成 21）年度には、福岡県立大学の地域貢献事業、内閣府・経済産業省の大型プロジェクト『世界遺産をめざす田川活性化事業―産・官・民・学が協働する保養滞在型エコツーリズムの実現』が採択された。

その中に山本作兵衛研究が入り、残された記録画の確認などを行ってきたのである。世界遺産をめざす 1000 人シンポジウムなどを筑豊・田川市で行

う中で、国内外のユネスコ学術専門家がおとずれ、作兵衛のユニークな記録画に注目が集まった。

　海外の専門家たちは「炭鉱の労働と生活を描いたユニークな記録」などと絶賛した。田川市と県立大学は専門家の一人で世界遺産選定にも携わった経験があるオーストラリアのアジア・太平洋委員会マイケル・ピアソン博士（産業考古学）を通じ 2010（平成 22）年 3 月、パリの世界遺産事務局に提出し、日本初登録になったのである。

③ 61 歳から亡くなる寸前 92 歳まで記録画を描き続けた人柄や執念

　田川市文化功労賞や西日本文化賞を受賞しても、自分を学歴もなく、変わり者で頭もよくないと語り、日記などにそう綴った作兵衛は、それ故に、努力し記録するユーモアの持ち主であった。

　中小の炭坑を家族とともに渡り歩き、身体を張れる体力と胆力を持ち、無類の酒好きな生活者でもあった。

　絵を描き始め、名をなしてきたのは 65 歳を過ぎてからである。しかし、日記には生涯変わらず、天気やお酒と物価の記録、政治や社会事象、そして自分をみつめての記録が細かに書かれている。

　26 歳の時体験した筑豊の米騒動では「思ヘバ悲シ我々勤労者ナリ物価ハ騰貴スル動労賃金ハ其侭ナレバ如何ニシテ生活スルヤ　上ニ在リシ智識者ハ皆富豪ノ番犬デアリ何デ貧民ノ状況オ如何ニシテ知ルベケンヤ」と書く。晩年の記録画「米騒動シリーズ」の原点といえよう

　1945（昭和 20）年の終戦日には「十五日ハレ盆休。十二時重要放送アル由無条件降伏トノ事ナルモ確実ナラズ」と朱書き、「夕方確定ス（意外ナリ）残念ナリ」と書かれている。翌年 2 月 27 日には長男光の戦死の報を受け、「勝タザル戦争ナレバコトニカナシ」と記している。

　92 歳で永眠する 2 週間まで日記を綴り、24 時間前まで記録しようとした表現への執念は私たちが学ぶべき、生涯学習の体現者そのものである。ユネスコの海外専門家たちが評価したのは当然のことだった。

　契約好きの近代人になかなか見られない、炭鉱の盛衰を子や孫の世代に残したいという情の深い内発的なエネルギーの持ち主でもあった。

学校に行かないでも自力で難解な漢字を体得し、障害者手帳を持ちつつもさわやかに表現してきた歩みは、部落解放運動や識字運動に取り組む人々をも勇気づける。

そして、「日本で初めての人権宣言・全国水平社宣言や部落解放運動の原資料が世界記憶遺産になる」と、（社団法人）福岡県人権研究所の定例総会でいわれた組坂繁之部落解放同盟委員長の指摘は間違っていないと思われる。

（『解放新聞』2012 年 12 月）

※　2016（平成 28）年 5 月、ユネスコ世界記憶遺産（アジア太平洋地域）に「水平社と衡平社　国境を超えた被差別民衆連帯の記録」（5 点）として登録された。

第3節　日本初登録の反響・筑豊が湧き上がる

(1) 日本初ユネスコ世界記憶遺産 (Memory of the World) 登録への軌跡：田川から世界への発信実現の道筋

① はじめに

2011（平成 23）年 5 月 26 日の新聞各紙、テレビ・ラジオ、インターネットは田川市と福岡県立大学が共同申請した山本作兵衛炭坑記録画・日記・ノート 697 点が日本初世界記憶遺産（MOW）に登録されたと報道した。ユネスコの英文公式ホームページには 5 月 25 日付けで発表された。

福岡県立大学の社会貢献活動がこのような形で結晶したことは歴史に残されるべきことであり、ここに至る経過と今後の展望を述べる。

2006（平成 18）年 9 月より、「今まで行政レベルでやってきて持続可能なネットワーク作りが上手くいかなかった。田川地域が市郡一帯の広域として活性化の長期戦略を描いてほしい」と、財団法人福岡県産炭地域振興センターからの委託によるプラン作成が依頼された。その 1 年後の 2007（平成 19）年 10 月、『癒学の郷　田川創生――田川地域長期振興戦略プラン』がまとめられた。田川地域の資源を発掘し、新たな産業、観光ツーリズムを提言する六つのプロジェクトだった。

　その翌年、2008（平成20）年5月に県立大学が主体となり、地方の元気再生事業（内閣府）に採択され、癒学の郷・旧産炭地田川の世界文化遺産化・エコツーリズムによる活性化をめざした大型プロジェクトが2年間継続された。

　「世界遺産をめざす旧産炭地・田川再生事業——産・官・民・学が協働する保養滞在型エコツーリズムの実現」の名称で、福岡県立大学で初めての大型プロジェクトであった。

② 世界遺産国際シンポジウムの開催（田川文化センター）

　2009（平成21）年2月15日（日）田川文化センターを会場として、福岡県立大学及び世界遺産田川国際シンポジウム実行委員会（産・官・民協働）主催で、「世界遺産国際シンポジウム」が開催された。大学所在地である田川市の旧三井田川鉱業所伊田竪坑櫓と同第一・第二煙突が「九州・山口の近代化遺産群」として世界文化遺産推薦候補に暫定掲載された（2008〔平成20〕年9月26日）ことに伴う、登録運動の推進と地域の活性化を図ることが開催の目的である。当日は、会場定員を上回る参加者（約1,137名）があった。以下はプログラムの一部である。

【講演】
1)「世界遺産と、顕著な普遍的価値という課題」：ディヌ・ブンバル国際記念物遺跡会議前事務総長
2)「九州・山口の近代化遺産群の意義」：スチュアート・スミス国際産業遺産保存委員会事務局長
3)「世界遺産の中の産業景観」：イアン・スチュアート　オーストラリア・ナショナルトラスト産業遺産委員会委員長

【パネルディスカッションテーマ】
「九州・山口の近代化遺産群の世界遺産化に向けて」
　パネラー：岡田保良（国士舘大学教授、国際記念物遺跡会議本部執行委員会委員）、安蘇龍生（田川市石炭・歴史博物館長）、ディヌ・ブンバル、スチュアート・スミス、イアン・スチュアート

ヤマの米騒動8（盆踊り）

コーディネーター：加藤康子（都市経済評論家）

コメンテーター：岩本陽児（和光大学准教授・英国博物館学専攻）

　田川市の二本煙突と竪坑櫓は、しかし、「九州・山口の近代化遺産群」として世界文化遺産推薦候補に暫定掲載されたものの炭坑に関する他の遺跡の保存がなされていないことから、構成遺産からは外され関連資産となった。しかし、現地調査で6回以上、田川・筑豊を訪問した海外・国内の専門家たちは、田川市石炭・歴史博物館にある山本作兵衛（1892-1984）の炭坑記録画やノート類を見て、その価値の高さを異口同音に評価した。それらは作兵衛が炭坑の記録を子や孫の世代に残したいと描いたものである。アジア・太平洋世界遺産委員会のマイケル・ピアソン（産業考古学博士）及び加藤康子（経済評論家）を窓口として、世界記憶遺産への登録申請書を作成し、2010（平成22）年3月に田川市と福岡県立大学とで共同申請書を提出した。

　1年後の2011（平成23）年5月26日の新聞各社の紙面には「日本初の世界記憶遺産登録」の文字が躍った。山本作兵衛の炭坑記録画と日記類が世界記憶遺産に選考委員全員一致の賛同で登録されたのである。

　記憶遺産登録数は田川市石炭・歴史博物館が所蔵・管理する585点の絵画

と日記・ノートと、県立大学が寄託され保管している日記・ノート 66 点と絵画 4 点である。登録の理由は、絵画とそれに記述されている説明文及び日記類がセットであることがポイントになっている。

　今後の課題として、本学が管理している日記類の保管管理とその活用が問われている。現在、県立大学附属研究所内に、世界基準での保管箇所の設置を検討している。世界に誇る筑豊の宝を保存し活用するという使命を、本学の社会貢献活動の一環として、永久的に果たしていくことが福岡県立大学に期待されている。

（『福岡県立大学開学 20 周年記念誌』2012〔平成 24〕年原稿）

(2) 登録 2 年目の県立大学と〈読む〉会、そして市民のユネスコ訪問

① 保存・活用 2 年目も新たな体験

　日本初世界記憶遺産への登録を田川市と福岡県立大学はなしとげた。もちろん、これは関係者のおかげであり、申請書の歴史に残る人々や関係者とともにこの快挙を何度も祝いたい。同時に危惧することも多々ある。

　1 年目は初めての事態に無我夢中で動くばかりだった。その中にさまざまな、はじめてであることによる軋轢や相乗的・相克的状況が出てきた。これらは 2 年目になっても続き、これらの調整・交通整理と保存・活用に向けての

朝日新聞　2011 年 5 月 26 日

短・中・長期的観点からの活動を私はしてきたつもりである。

　マスコミ取材は筑豊版が中心になるとはいえ、相変わらず続いた。県立大学や〈読む〉会の名前は 20 回以上新聞、テレビ・ラジオ等に出た。未経験の新たな事態の中で〈山本作兵衛〉が世界記憶遺産にはずかしくない〈人類の共有できる記憶〉として保存され、活用される状況ができているか否か。そのようなじっくりとした基礎的研究や保存・活用基準が確立されたか否か。2 年目も三段跳びの助走であり、基盤作りのホップ・第一歩は来年度となろう。

　山本作兵衛が残した記録画や近代文書の保存・活用は、日本や世界のこれまでの研究成果とは大きな違いがあるものとして、グローバル基準が問われている。このことは「山本作兵衛氏の炭坑の記録画並びに記録文書の保存・活用検討委員会」の保存調査検討部会で、確認されたことであり、その報告書にも書かれている。

記録への意志 心打つ

日本経済新聞
2011 年 6 月 27 日

「田川の近代遺産を未来に伝える会」主催のピアソン博士、加藤康子コーディネーターへのお礼の会（2011〔平成 23〕年 6 月 18 日）

日記を16年間読み続けるな
かでの新しい事実　　　（日記記述）

第1に記録画の開始時期：「山本さんが生活と労
働を絵に描き始めたのは958年から」（63、64歳
）、警備員生活からとされていた同年5月2日「
高田馬場」、17日（61、62歳誕生日）に坑内絵12
枚かく」、19日にも「坑内絵6枚かく」とある。

現在の石博の年表
1957（昭和32）年（65歳）　弓削田長尾本事務所の宿直警備員と
　なる。この頃から時間にゆとりができ、どうしても戦死した長男のこ
　とが頭に浮かんで消えず、気を紛らわすために日記の余白部分や広
　告紙の裏などに炭坑の絵を描くようになる

第2に、50年以上絵筆をとっていない、「
鶴嘴を絵筆に持ち替えるようになった」とい
われていた。しかし、炭坑生活の中で何度
か全国ポスター展に応募したり、入選した記
述が日記に述べられている。

41歳4/18光ハ不良児ニナラントスル　弁当ヲ、モチユカズ。ホゴ
会モ持参セズ‥‥光ハ思想悪化シテヲル　妻ノ言クキカザル事
自転車旅行スル筈ノ所　曇天小雨ノタメ中止、　4/19要例ニヨリ
苦言多シ　8/18先月七月一日ヨリ七月七日マデノ　全国安全週
間ニ　ポスターヲ　大三　小三班長責任上、又命令ノタ出セシ
ニ、）人気投票ノ結果、五等ノ（トーキ）セイフタツキドンブリ
ヲ　モラフ　價世銭　同日六等トシテ（オペラパック）ヲ又木安氏
持参サル

　2年目の活動を私は、短・中・長期的展望での調整とグローバル基準を意識しながら行ってきた。もちろん「日記を〈読む〉会」の共同作業にも毎週火曜日の午後1時から3時まではできるだけ関わり、それ以外の時間にも5年分の日記を中心に過去にもさかのぼって読んできた。

　こうしたことが、研究プロジェクトや〈読む〉会の皆さんとできたことを喜びとともにここに書き記しておきたい。

　その上でこの1年間の流れをここに項目的に記し、現段階までのまとめ、問題点、次年度への課題を明らかにしておこう。

② 県立大関係の歩み

　2012（平成24）年4月4日入学式にコレクションを展示した。5月、県立大学から理事長・学長はじめ5名が参画した山本作兵衛の炭坑の記録画並びに記録文書の保存・活用検討委員会」が、97頁に及ぶ『山本作兵衛の炭坑

ユネスコMOW事務局長ジョイ・スプリンガーの来学・コメント

の記録画並びに記録文書の保存・活用に係る検討結果報告書』を出した。

　県立大学の世界記憶遺産登録山本作兵衛コレクション（70点）などの公開はこの基準に基づき30日間を上限とした。展示・公開の原則は「大学や地域の重要行事がある時、申込書によるマスコミに行う」ということであった。昨年実績の公開日数は25日、メディア関係のみに1度（マスコミは公開日の取材報道をしてくれた）であった。

　入学式に小川洋知事（当時）が来られ、作兵衛コレクション登録原画等展示を学内視察のメインで視察することになり、展示していた登録記録画、日記とともに「終の棲家」の遺品類もみてもらった。1984（昭和59）年の日記帳に三菱マークがあり「三菱が喜ぶだろう」と言われたり、日記が入っていた箱の内側に購入した誕生日の期日（5月19日）があったのを「なるほど」とそのメモ力に感嘆していた。

　5月13日は、田川市、県立大学共催で1周年記念式典があり、理事長・

　学長の主催者挨拶、県立大学学生による「山本作兵衛さんマップの取り組み」報告があった。招聘により来日・参加していただいたジョイ・スプリンガー・ユネスコ世界記憶遺産事務局長と英国のS・スミス学芸員に14日（月）には加藤康子コーディネーターとともに来学していただいた。

　理事長・学長室でお迎えし、その後、附属研究所の保管・展示室もみてくれた。理事長・学長から正式に、県立大学にも「登録許可証を発行して頂きたい」と申し入れ「了解」してもらった（この登録証は9月に東京の加藤事務所を通して県立大学附属研究所に届き、2021〈令和3〉年現在も理事長・学長室にレプリカを掲示している）。

　保管室に関しては「一寸狭い」けど「ユネスコ基準である温度、湿度、光度、火災、盗難などにはパーフェクトだ」と言っていただいた。また展示室、展示品などについても見ていただき、来ていた学生たちに「励ましの言葉」「握手」をしてくれた。

　6月には、学外者から県立大学附属研究所に寄贈していただいた記録画を記者会見して公にした。世界遺産登録になる以前からも寄贈があり、新たに市民から「民間にある山本作兵衛の記録画の発掘と売買でなく保存・活用を期待」しての申し出であった。ありがたくお受けした。

　7月は田川市保存・活用推進委員会で設定した釧路・常磐・宇部・長崎をリレーした、旧炭田都市への作兵衛展示キャラバンが始まった。それらで、講演と現地の方々と田川市石炭・歴史博物館が事務局となりシンポジウムを行った。私は宇部市に行き講演を担当した。また、糸田町在住のクラシック歌手の太田朋美によるヨーロッパ演奏帰国記念山本作兵衛チャリティ記念コンサートがあり、附属研究所も共催した。

　8月は同じく共催で実行委員会をつくって、はじめての山下洋輔（ジャズピアニスト）・眞理子（ジャズヴォーカル）兄妹の「里帰りふるさとライブ　山本作兵衛チャリティ　ジョイントコンサート」を行った。県立大学の大講堂が650人で埋め尽くされる大成功をもたらした。私は実行委員長を田川の方々からおおせつかり、楽しく面白くなしとげた。

　また9月には日本芸術デザイン学会でも山本作兵衛記録画・日記について特別報告、原画の展示を行うことができた。そして、日本社会教育学会出席

ユネスコ本部への産・官・民・学メンバーでのパリ、アムステルダム訪問（2012〔平成23〕年
10月22〜26日）。ユネスコ本部柵には作兵衛記録画が掲示されている。

を兼ねて、北海道の三笠市、夕張市、釧路市をレンタカーで乗り回して踏査
した。

　11月は九州教育学会で「グローバル時代のローカルな知の普遍性（6）」を
学内奨励研究プロジェクト代表の林ムツミ助教とともに報告した。

③ 市民によるパリ・ユネスコ本部の訪問

　2012（平成24）年3月6日、附属研究所開設式典が、理事長・学長の予想
（多くて100人）を上回り220人程の地域住民・関係者が来られて成功裏に終
わった。

　その後、山本作兵衛コレクションの保存・活用のためにはグローバル規模
で世界遺産や国連の動き、文化施設を視察・研修する必要があると考えた。

　まず、3月末、ニューヨークの国連本部やメトロポリタン美術館を個人旅
行で訪問してきた。

　ニューヨーク国連本部ロビーの歴代事務総長、広島被爆のモニュメントや
寄金を呼びかける東日本震災の写真に感動し、常任理事会室の椅子に座り、
こうして国連構成193カ国の世界活動はあるのだとインターナショナルの視
点から、作兵衛コレクションを考えるのに大変刺激的であった。

　さらに、登録1周年記念までに間に合わせるべく、私が関係している（社）

ユネスコのホームページ（世界記憶遺産）に掲載されている山本作兵衛コレクション

　福岡県人権研究所でも季刊誌で、「輝ける闇・山本作兵衛の世界」のテーマで山本作兵衛特集を組み、刊行した。

　これには 12 月末から『解放新聞』から依頼され連載した安蘇龍生、堀内忠、森山沾一の連載文書をさらに拡げて、菊畑茂久馬、上野朱など関係者に書いてもらった。上野英信御子息である上野朱古本店主はイギリスの女性労働の絵を紹介してくれた。私の書いたものも、山本作兵衛世界遺産登録に関する記憶すべき論説である（本書第 2 部第 2 章に掲載）。

　6 月には学内奨励研究で「山本作兵衛コレクションの保存・活用についての総合的研究」が採択されたため、韓国など先進地視察や保存データの整理を検討し始めた。

　ユネスコ本部とアンネ博物館などに行くことになり、市長を団長に訪問団を組み、全て自費での訪問をした。呼びかけに 11 名の参加があり、パリユネスコ本部では J・スプリンガー事務局長、坂田九十百日本事務局長、そして日本文化会館女性館長と会うことができ、山本作兵衛コレクションの発信と御礼の活動をしてきた。

山本作兵衛日記・手帳解読・出版の功績で福岡県民文化賞を受賞
（知事との記念写真、トロフィーと賞状）

　12 月の年末にはカンボジア地雷撤去活動を 20 年前から NPO を作り、自費でやってきている大谷賢治（彼は日本カンボジア友好協会を福岡から立ち上げた）とともに（社団法人）福岡県人権研究所がツアーを組みカンボジアを訪問した。この中で世界記憶遺産になっているシェムリアップ市の "Killimg Teple"（カンボジア世界記憶遺産登録）を訪問しその実体にふれてきた。

　1 月は田川市世界記憶遺産保存・活用推進委員会のメンバーで台湾の炭鉱やエコミュージアム活動を調査した。旧産炭地をエコミュージアム化し、観光地化した姿や山本作兵衛コレクションを評価していただいた実践的研究者、そして、在住 3 年になる佐伯浩之西日本新聞元田川支局長に感謝する。

　そして、2 月には学内奨励研究のプロジェクトで、久永教授、金准教授とともに 2 泊 3 日でソウル・光州市の調査を行った。この報告書は久永教授がまとめてくれている。

　3 月末から 4 月には、オーストラリアとベトナムの世界文化遺産四つをめぐる旅をして、現実の保存・活用にふれてきた。

　これらは、山本作兵衛コレクションの日本初世界記憶遺産の保存・活用に大いに参考になっている。

④〈読む〉会のボランティア・専門的団体への発展について

　2003（平成15）年、〈読む〉会は作兵衛日記・資料発見とともに発足し、学生、院生、市民・住民で続いてきた。そして、規約も名簿もでき、ボランティア団体として位置付いてきた。

　1）日記を読み、叢書刊行の協力、2）炭坑遺産めぐり、3）イベント主催・協力などなど。

　その成果は、2011（平成23）年5月25日の日本初世界記憶遺産への基礎資料の提供、『〈読む〉会10年史』、『研究叢書の協力刊行』、『福岡県民文化賞共同受賞』などがある。と同時に、会員自身の生涯学習体験、〈学び〉や専門的技術（解読）の向上となってきた。

　2011（平成23）年5月、世界記憶遺産登録が実現したことで、これまでの歩み、内容と大きく異なったことが〈読む〉会にも求められている。

　日本初世界記憶遺産の実現……関係者のほとんどにとってはじめての体験であり、この2年間のさまざまな紆余曲折・葛藤は、この「はじめての体験・なれないこと」によると思われる。

　しかしながら〈読む〉会は、毎週火曜日に読み続けてきたし、研究プロジェクトとして叢書12巻（最終的には全16巻）が発刊できることは大きな成果である。

　同時に新たな状況が出ていることも事実といえる。

　それは、1）MOWとなったことでの保存・活用の責任性、2）MOW登録日記解読手続きや保存への配慮、3）山本作兵衛事務所（著作権者）との協力関係、4）MOW日記解読が、1951（昭和26）年以降となってきて、生存者が多いことなどである。これらを考えれば以下の方向で今年度は行うことを提案したい。あくまでも私案であり、多くの検討の余地はあるが。

　1）〈読む〉会の性格を、ボランティア・専門的団体と位置付ける。

　2）解読する者は、〈会または個人〉で、保存・活用の自覚と責任に基づき、県立大学が行っているような山本事務所との毎年の誓約書を作成する。

　3）記録画描写解読等を中心に読みすすめ、県立大学内倫理委員会、プライバシー権に配慮しながら刊行をめざす。

　4）炭坑遺跡めぐり、筑豊研究、イベント等も随時行う。

（福岡県立大学副学長兼附属研究所所長、〈読む〉会会員・顧問　森山沾一
『県立大学附属研究所　研究叢書』第 51 巻、「あとがき」）

【注（第 1 部）】

1　有馬学、マイケル・ピアソン、福本寛、田中直樹、菊畑茂久馬『山本作兵衛と日本の近代』弦書房、2014 年、56 頁。

2　加藤康子「『明治日本の産業革命遺産』世界遺産登録への道のり」『明治日本の産業革命遺産』（「明治日本の産業革命遺産」世界遺産協議会、平成 30 年 3 月、379 〜 381 頁。

3　『福岡県立大学附属研究所　研究報告叢書』中の『山本作兵衛―日記・手帳―解読資料集』第 1 〜 16 巻。この資料集の発行者などは 16 年間の動きで変更されている。この事は、研究継続の困難性の証でもある。

4　森山沾一「あとがき」『研究報告叢書第 50 巻・解読資料集第 11 巻〜ユネスコ世界記憶遺産登録記念号』福岡県立大学生涯福祉センター、2012 年 3 月　242 頁。

5　これらの目録は「山本作兵衛日記帳・ノート」として、一覧表にしている。『福岡県立大学生涯福祉研究センター　研究報告叢書』17 巻。『山本作兵衛―日記・手帳―解読資料集　第 3 巻』平成 16（2004）年 3 月、160 〜 162 頁。

7　世界記憶遺産申請書では英語で「DIARY」と「Memorandum」、日本語では「日記」と「雑記帳」となっている。

山本作兵衛関係の文献は以下などが参考になる（出版年月は原著のまま）。

① 山本作兵衛『明治大正炭坑絵巻』明治大正炭坑絵巻刊行会、昭和 38 年 9 月。

② 山本作兵衛作・永末十四雄編『ヤマの生活と労働』西日本文化　第 2 号〜 28 号。「明治・大正炭坑夜話」昭和 39（1964）年から昭和 41（1966）年まで第 8 話（『西日本文化』第 11 号から 21 号まで）。

③ 山本作兵衛『炭鉱（やま）に生きる』講談社、昭和 42 年 10 月。

④ 山本作兵衛『筑豊炭坑絵巻 山本作兵衛画文』葦書房、1973 年。

⑤ 山本作兵衛『筑豊炭坑絵巻』葦書房〈ぱぴるす文庫〉上下、昭和 52 年 7 月。

⑥ 山本作兵衛『王国と闇 山本作兵衛炭坑画集』菊畑茂久馬解説、葦書房、1981 年 2 月。

⑦ 『オロシ底から吹いてくる風は　山本作兵衛追悼録』葦書房、昭和 60 年 11 月。

⑧ 『開館 5 周年記念　山本作兵衛展』図録、工藤健志編集、田川市美術館、平成 8 年 10 月。

⑨ 山本作兵衛『筑豊炭坑絵物語』田川市石炭資料館監修、森本弘行編、葦書房、

　　　1998 年 7 月。

⑨ 田川市石炭・歴史博物館　田川市美術館編集『炭坑（ヤマ）の語り部　山本作兵
　　　衛の世界　584 の物語』平成 20 年 11 月。

⑩ 福田康生編著『作兵衛さん』自分史図書館、2009 年 6 月。

⑪ 『ヤマの記憶 山本作兵衛聞き書き』西日本新聞社、2011 年 10 月。

⑫ 山本作兵衛『筑豊炭坑絵巻 新装改訂版』海鳥社、2011 年 10 月。

⑬ 森山沾一『熱と光を願求して～解放教育学への節目に立って～』花書院、2012 年
　　　1 月。

⑭ 山本作兵衛『筑豊炭坑絵物語』田川市石炭資料館監修、森本弘行編、岩波書店〈岩
　　　波現代文庫〉、2013 年 1 月。

⑮ 有馬学、マイケル・ピアソン、福本寛他『山本作兵衛と日本の近代』弦書房、
　　　2014 年 8 月。

⑯ 大野隆司『詩集「素へ還る旅」』花書院、2015 年 7 月。

⑰ 宮田昭『炭坑（ヤマ）の絵師　山本作兵衛』書肆侃々房、2016 年 7 月。

⑱ 山本作兵衛『山本作兵衛ノート』田川市石炭・歴史博物館蔵、コピー版。

⑲ 山本作兵衛さんを＜読む＞会『山本作兵衛－日記・手帳－解読資料集』福岡県立
　　　大学生涯福祉研究センター、第 1 巻（2003 年 3 月）〜第 16 巻（2017 年 3 月）。

第2部　山本作兵衛を尊敬・発掘・
　　　　発信した先達たち

　第2部では、「はじめに」でも述べたように、私にとって作兵衛発掘・発信の先達である永末夫妻、上野夫妻について書いたものを紹介する。

　私と永末十四雄とは1974年に発足した「福岡部落史研究会」同人としての出会いや永末家を訪問した時の雅子夫人との出会いがある。また、上野英信は永末先達との出会い以前、1970年前後の学生時代からであった。自己意識の強い混沌とした青年時代をすごした私にとって氏や谷川雁などの「サークル村」は「筑豊の闇の宝物」であり、畏怖する大きな存在であった。「筑豊文庫」にホルモン（博多では当時隠語で2号肉と言っていた）を携えて仲間とともに訪れた。そして私の38歳での最初の出版を記念して「出版をダシにして飲む会」でのはげましがあった。晴子夫人とはその時の炊事場での出会いだけでなく、「福岡部落史研究会事務所での出会い」や著書『キジバトの記』（海鳥社、1998年）での出会いもあった。この2家族には、筑豊・田川の福岡県立大学に赴任し、2002（平成14）年3月の作兵衛日記・記録画発見以降、さらに諸著作を読む中で、第3部での活動でも、内心で本当に力づけられた。

　ところで実は、山本作兵衛記録画を世に出した人々はこの人たちより前にいることも書いておく必要がある。

　現在わかっている人々は長尾達生、木曽重義、仲野森男などである。作兵衛の甥・仲野は、1937（昭和12）年4月、中国に移住する時、絵をもらったことを書き、戦後も絵を描いているのを確認している。また、1963（昭和38）9月、『明治大正炭坑絵巻』が出版されるのは、義弟となる長尾炭鉱経営者・長尾達生やその友人・木曽重義などの尽力があった。この二人は伝記も出版されているがここでは、取り上げていない。

第Ⅰ章　永末十四雄・雅子の貢献

第1節　永末十四雄——先達の眼力

(1) 永末十四雄は山本作兵衛にどう寄り添ったか——作兵衛記録画の選択と保存を中心にして

① はじめに

　永末十四雄先達（1925〔大正14年〕2月18日〜1995〔平成7〕年3月6日、享年71）は、私との18年間の関係でも大変に個性の強い人であった[注1]。

　ご令室の雅子は夫の肺癌による国立九州がんセンターへの入院生活・逝去後、書斎をそのまま保存し、8年間を経て全業績・資料を田川市立図書館に寄贈された。遺稿『筑豊万華——炭鉱の社会史』（三一書房、1996年4月、筑豊三部作の最後）の「あとがきにかえて」で次のように書いておられる[注2]。「常に筑豊と深く関わりながら生きてきた永末にも、川筋気質に共通する気骨を強く感じるものです」と。

　現在、永末十四雄（ながすえとしお・本名永末十四生、以下歴史上の呼称として十四雄と原則記述）の名前や業績も特定の人しか知られていない。「川筋気質」も「かわすじきしつ」と読まれることのある筑豊。このような中、永末の業績と生き様を検証し、研究することは単なる筑豊の地域史にとどまらず、日本・世界の近・現代史を解明する上でも重要だと思われる。

　この項では、田川市石炭・歴史博物館が所蔵し保存・活用している日本

初の世界記憶遺産（世界の記憶）山本作兵衛コレクション（2011〔平成23〕年5月）に登録される前の山本作兵衛の業績発掘・初期における保存活動に永末がどのようにかかわり、寄り添ったかを明らかにする。その方法は永末や山本作兵衛に関する先行研究、作兵衛日記、そして私自身のオーラル・ヒストリー・聞き取り記録や記憶を読み解く中から、考察する。

　永末の現在解明されている著書や論文の業績はこの節の最後に載せているので、全体像をとらえる一つの参考にしていただきたい。

② 略歴と作兵衛記録画選択・保存での言及

　きわめて短い紹介なので、永末先達には申し訳ない限りだが、履歴の紹介をしよう。

　永末は田川郡後藤寺町（当時）で生まれ、福岡県立修猷館中学を1942（昭和17）年に卒業、満州歩兵第24連隊経験もあり、その後の生きざまに多くの影響を及ぼした。戦後は家業の炭鉱購買店を手伝い、1950（昭和25）年より、田川市役所図書館司書補、1965（昭和40）年には課長・図書館長になる。1970（昭和45）年田川市史編纂事務局長兼任となり、1974（昭和49）年から昭和54（1979）年までの5年間で刊行された『田川市史』（全4巻）にも力を尽くした。この間、1954（昭和29）年の田川郷土研究会創立にもかかわり、執筆・会の推進・拡大を中核的に進めた。それだけでなく、九州大学経済学部秀村選三教授（近世経済史）グループとの『筑豊石炭礦業史年表』（1973〔昭和48〕年）に事務局長として従事する（この石炭鉱業史における記念碑的名著の編集・出版にあたっては関わった誰もが修羅場・死闘の議論が続く仲間たちであったと供述する）。

　この頃、同時に個人的業績として、筑豊三部作といわれる『筑豊　石炭の地域史』（日本放送出版協会、1973年）、『筑豊讃歌』（日本放送出版協会、1977年）の2冊を執筆・刊行。1979（昭和54）年、55歳で教育部長（教育次長）を一身上の都合で辞め、北九州市立中央図書館相談役や多くの大学の非常勤講師を務める。この時期、『日本公共図書館の形成』（日本図書館協会1984年）を出版、日本図書館学会賞を受賞した。1981（昭和56）年には福岡県史編纂委員会顧問となり、その後、飯塚市の近畿大学九州短期大学教授として研究・

教育に尽くした。1993（平成5）年からは田川市に新設2年目の福岡県立大学人間社会学部でも「地域文化論」を講じた。

それらの講義ノート等が遺稿『筑豊万華──炭鉱の社会史』（三一書房、1996年）の原型となる。本のタイトル『筑豊万華』は「ちくほうばんか」と読み、筑豊地域のきらびやかな万華鏡と筑豊への鎮魂曲の二つを意味するタイトルだと病床の傍らで聞いた。1995（平成7）年夏、肺癌が発見され入院。翌年3月6日帰らぬ人となる。病床では岩波文庫・親鸞の『歎異抄』を読まれていた。

秀村選三九州大学名誉教授は、九州大学学術情報リポジトリ2016（平成28）年に「『筑豊石炭礦業史年表』の編纂と永末十四雄」を書いている。その最後の部分で次のように書く。

「永末氏は田川市石炭記念館（現田川市石炭・歴史博物館）の創設にあたり、立派な記念館を創設され（中略）、最近山本作兵衛翁の絵が世界遺産として取り上げられたとき、永末氏が早くから作兵衛さんの絵の素晴らしさを認めて、常に作兵衛翁に描くように勧めて用紙や絵具等を届けて作画を促していたのを私は知っていたので、当然マスコミで早く取り上げられるだろうと思っていたが、取り上げられる人は永末氏以外の人ばかりで、ずいぶん経ってやっと取りあげられた。人の世の評価の頼りなさを如実に感じたことである」注3。

この秀村名誉教授の体験的知見によれば、永末は「早くから絵の素晴らしさを認めて、常に描くように作兵衛翁に勧めて、用紙や絵具等を届けていた」のである。

では、その期日はいつ頃からであろうか、この解明は次の③に譲る。

さらに、永末の生前40数年間の知人は、2019（令和元）年永眠された佐々木哲哉元田川市石炭資料館館長（享年96）であろう。郷土史家で多くの業績を残した松崎武俊や米津三郎は史・資料提供・研究の同志であったが。佐々木元館長は永末と山本作兵衛とのつながりについて、私の知る限り、三つの文章を書いている。それらは以下である。

(1)「永末十四雄さんと山本作兵衛画」（「田川市石炭資料館だより」第8号、1995〔平成7〕年10月）

(2)「永末十四生と田川郷土研究会」（西日本図書館学会 79 号、2001〔平成 13〕
　　年

(3)「山本作兵衛と永末十四雄」（『海路』10 号、2012〔平成 24〕年 4 月）

　「『作兵衛さんの絵をはじめて見た時には思わず身震いがした』作兵衛さん
のことを話す時、何度か永末さんの口から出た言葉だった」と、永末と作兵
衛記録画との初めての出会いの有名な表現を始め、詳しく書かれている。そ
の内容は多岐にわたる。永末と作兵衛の出会いや協働関係や田川郷土研究
会での「炭鉱資料収集運動と色彩画」、「作兵衛ノート」（『西日本文化』での
1964（昭和 39）年 11 号からの 8 回シリーズ）、『筑豊炭坑絵巻』（1973〔昭和 48〕
年）刊行の経過などが詳しく記述されている。
　そして、2011（平成 23）年 5 月、ユネスコ世界記憶遺産に登録された翌年
4 月に刊行された、上記（3）の最終部分で次のように述べる。
　「今回の世界記憶遺産登録を泉下で誰よりも喜んでいるのが永末だと思う
が、人一倍厳しい彼のこと。国中が興奮の渦に巻き込まれているなかで、冷
ややかな警鐘を鳴らしているような気がする」と書く。この論説は続けて、
「永末の遺言であるような気がする」と次の「描かれざる部分・語られざる
部分」（『オロシ底から吹いてくる風は山本作兵衛追悼録』1985 年、葦書房、122 頁）
を引用している[注4]。
　「（前略）情念的な思いいれもいいが、基礎的な作業がともなわねば評価も
定まらず、後世へ伝承も不完全なものとなるのである」と。この本は 1985
年 11 月 24 日に嘉穂劇場で開催された、「山本作兵衛翁記念祭」に向け出版
された『追悼録』である。山本作兵衛は前年 12 月 19 日に永眠した。22 人
の記念祭発起人に永末も名を連ねており、事務局は上野英信方になってい
る。
　じつは、この「基礎的な作業が必要」の指摘は私たちが、解体寸前だった
作兵衛・終の棲家から日記や記録画、遺品を発見し、福岡県立大学生涯福祉
研究センターで学生・院生・市民とともに、手続きを経て日記解読を行った
時の『報告書』第 1 巻にも掲載している（2003〔平成 15〕年）。ただし、その
時は上野英信の功績紹介とともにであった。

　実証的な資料批判・解読、作品目録の作成などの研究はもちろん大事である。その後、その幾分かを私は行ってきた。同時に、私たちがその『報告書』で引用したのは記録作家・上野英信が 1973（昭和 48）年に書いた「地底からの遺言」であった。その最後の部分に作家・武田泰淳の『司馬遷』にある「世界の記憶になる」を引用して上野はこう書いている。「近代日本の人柱となった地底の民が未来の労働者階級に残した『宝もの』『仕事の歌』として永く子々孫々に伝えてほしい。なぜなら、すでに述べた通り、『数百年後』の『我が子孫』にこれを伝えることだけが、山本さんの目的であったからである」と[注5]。

　ユネスコ世界記憶遺産になる以前から普遍的人間の本質・表現の根源性を鋭く見抜いた上野英信の文章である。

③ 作兵衛記録画との出会い、色彩のすすめ

　永末は、田川市立図書館の司書をしていた 1961 年頃に山本作兵衛と出会っている。つまり、近畿大学九州短期大学に提出した履歴書によれば、永末が司書補から司書になって 6 年目である。36 歳の時、69 歳の作兵衛と出会っているのだ。当時の田川市長坂田九十百を通して永末のもとへ絵がもたらされたという[注6]。

　長尾鉱業所鉱主の長尾達生や山本努などがその前年、画用紙や広告紙の裏に墨で書いていた記録画を発見・出版することになり、「打ち合わせ会」などがあっていた。

　『作兵衛日記』1962（昭和 37）年[注7]によれば、1 月 9 日に「朝日新聞記者の倉本和美氏が自宅を訪問」し、11 日の『朝日新聞』朝刊に本が出版されることを含めて掲載されている。それを契機に新聞、テレビの取材が行われる。4 月 13 日の日記に「KBC 九州朝日放送の岸川文蔵、多田基孝（両氏）、永末十四雄氏も映さる。中食（昼食）ヨバレ 1 時過ぎ帰宅」とあるから、永末は付き添って福岡市のテレビ局に行ったのであろう（26 頁）。翌年の 9 月 17 日（火）に山本作兵衛最初の著書『明治大正炭坑絵巻』（1963 年 9 月、刊行委員会）は予定よりも遅れて出版される。前年の新聞発表より 1 年あまり出版が遅れた事への心配も、日記には記されている。

　出版に際し、福岡市の支援者・石炭鉱業主・木曽重義事務所で永末も入れた 20 人ほどの人数で、記者会見することになる。その年の日記の巻末住所録には「永末十四雄田川市図書館」と住所も記載される。また、この本の編集者関係の中に永末の名も載っている。

　ちなみに、この本の出版直後の 1963（昭和 38）年 10 月 14 日、筑豊炭鉱を研究していた正田誠一九州大学教授（経済政策）の司会、山田穣九州大学総長、作家上野英信などが出演し、NHK 教育テレビ「教養特集——筑豊百年」で作兵衛の「ヤマの絵 17 枚」が紹介される。

　こうして、永末は作兵衛、そして記録画と出会ったし、寄り添い、マスコミにも紹介していく。一方で作兵衛自身がノートに書いた記録を、解読し写し取り、『西日本文化』に継続連載する。これらの作兵衛側からの事実経過が、1964（昭和 39）年の『作兵衛日記』7 月から 12 月、永末の訪問はたびたび記録されている。そのいくつかを紹介しよう。

　　7 月 28 日　11 時頃　永末十四雄氏来訪サル　（西日本文化）協会　羊カン菓子箱持参　西日本文化協会雑誌も炭坑モノ（ママ）カタリ永末氏

　　10 月 9 日　11 時頃永末氏来訪　西日本文化第 12 号　9 月号持参 2 冊永末

　　10 月 31 日　午后 3 時 40 分ごろ　永末氏来訪郷土田川 23 号　幕末ズカン 2 冊　貸（石刀　カンテラ　ツルハシ）　永末氏　絵ノ具　筆、紙、スミ持参

　　さらに重ねて、31 日のメモ（欄外）には　「31 日永末氏絵具ヤ紙（ウス紙 5 枚）外 1 冊　筆 4 本　墨 1 本持参」

とある。

　このような日記記録から、永末はこれまでの墨画に加えて、和紙や絵具等をたびたび持参して彩色を依頼したことがわかる。作兵衛の色彩記録画は実現したのである。さらに永末はその年から 9 年後の最初の単著『筑豊　石炭の地域史』（日本放送出版協会、1973 年 12 月）「あとがき」で「山本作兵衛翁・光吉悦心先生・金子隆先生など地元の先輩の方々より豊豊（ママ）な労働体験をとお

して貴重な示唆を頂く幸運にめぐまれてきた」と最初に作兵衛翁を書いている。

④ おわりに〜研究深化への課題

　2016（平成 28）年、93 歳の秀村選三は「永末十四雄は川筋男の多様な生き方を学びながら川筋の意地を貫き、今はまったく数少なくなった川筋男であった。彼自身川筋への挽歌をかなでていた気がする」と書く[注8]。

　また、日本石炭産業労働史の画期的業績の学位論文『近代日本炭鉱労働史研究』（草風館、1984 年）を著し、『筑豊石炭礦業史年表』を永末などとともに編纂した田中直樹日本大学名誉教授は「苦学力行の士」として永末を「忘れ得ぬ人々」シリーズで論じている。その中で「作兵衛ノートの資料的価値に刮目したことの慧眼」や「永末さんと上野英信さんはお互いを認め合っていた、真のライバル・同志であった」趣旨を、2017（平成 29）年 7 月号で書いている[注9]。

　上野英信の長男であり、エッセイストとして名を成している上野朱は「永末さんは理の人、英信は情の人」だったと記述する[注10]。

　永末にしろ上野英信にしろ、ひたすら山本作兵衛の生き様、才能を尊敬し、60 歳以降の作兵衛にそれぞれの立場から寄り添った。「永末は作兵衛を発掘し、上野は作兵衛を全国発信した」という、山本作兵衛さんを〈読む〉会会員の阿部正紀（炭鉱労働経験者）の指摘はまさに的を射ている。

　永末が「作兵衛さんの絵の素晴らしさを認めて、常に作兵衛翁に描くように勧め」（前掲秀村証言）ていたことは『日記』（1962 年）の記述からもわかる[注11]。

　ここでは永末が如何に作兵衛に寄り添ったかを先行研究、日記を中心に記述した。永末・上野英信の強烈な個性の響き合いの追究は今後の課題である。

（『田川市石炭・歴史博物館 館報』13 号、2020〔令和 2〕年 1 月）

(2) 永末十四雄著作目録 (編著　単行本のみ)

① 編集代表秀村選三・田中直樹・永末十四雄『筑豊石炭礦業史年表（戦後編）』西日本文化協会、田川郷土研究会 共同出版、昭和 48 年 11 月

② 永末十四雄　『筑豊　石炭の地域史（ＮＨＫブックス)』日本放送出版協会、昭和 48 年 12 月

③ 永末十四雄　『筑豊讃歌』日本放送出版協会、東京都、昭和 52 年 5 月

④ 永末十四雄　『日本公共図書館の形成』日本図書館協会、昭和 59 年 4 月

⑤ 永末十四雄編著『北九州市史　近代・現代　行政・社会』（総説　第一編　明治維新から明治 10 年代末まで）、北九州市、昭和 62 年 10 月

⑥ 永末十四生『筑豊万華　炭鉱の社会史』三一書房、平成 8 年 4 月

　この他に田川郷土研究会、西日本文化協会、新聞各紙などへの論文、論説は数多い。それらは田川市立図書館の永末十四雄文庫に目録化され、保存されているので参照していただきたい。なお、永末十四生が本名であるが著作は十四雄でほとんど書かれている。

第2節　秀村選三・田中直樹の協働

(1) 永末十四雄・輝ける闇・光を掘り続けた先達──永末文庫（田川市立図書館内）の豊饒性

① はじめに

　日本山岳修験学会顧問であり、英彦山山伏の子孫でもある長野覺は「英彦山山伏と潜伏キリシタン」講演（田川郷土研究会主催）の冒頭で、「田川郷土研究会と永末十四雄」について言及した。2020（令和 2）年 9 月 26 日の記念講演である。

　「永末さんは田川郷土研究会を引っ張り、自分で原稿を書くだけでなく事務局長としてさまざまな活動をされた。世界記憶遺産山本作兵衛さん発掘の

役割も大きい」などと「潜伏キリシタン世界文化遺産」の流れに関連させて田川・筑豊の誇り・永末十四雄（1925〔大正 14〕年 2 月 18 日〜 1995〔平成 7〕年 3 月 6 日、享年 71）をアピールした。

　まさに、その通りである。しかし、永末十四雄の生涯と業績についてはいくつかの文章があるがまだまだ語られて良い。それだけでなく、最近再評価がされつつあるにも関わらず、地元田川・筑豊のほとんどの人々から忘れられようとしている。

　この項では、田川郷土研究会や山本作兵衛との関連で永末十四雄について書かれた論稿を整理するとともに、現在田川市立図書館内に整理・公開されている「永末十四雄文庫」設立のいきさつについて記録をたどり紹介する。

② 永末十四雄の研究の原点

　永末の業績はもちろん田川郷土研究会との関わりだけではない。しかし氏は公の執筆活動を田川市図書館司書時代から始め、田川郷土研究会の立ち上げ、事務局長として活動を開始した。その後、社会教育における図書館学だけでなく、郷土史、地域史、近現代史、近代資本主義論、筑豊学、民俗学、評論、随筆等にまで拡がり、深まっている。その初期の中核は田川郷土研究会での図書館研究と近代筑豊研究であろう。

　換言すれば「図書館活動に捧げた生涯　資料を収集、筑豊研究にも貢献」[注12]と表現されるのがふさわしいと思われる。これらの活動を集約する著作として、北九州市立図書館時代に一緒に勤務し、図書館学を専攻する轟良子は次の著作をあげる。

　　『日本公共図書館の形成』（日本図書館協会、昭和 59 年、日本図書館学会賞受
　　　　賞）

　　『筑豊　石炭の地域史』（NHK ブックス 199、日本放送出版協会、昭和 48 年）

　　『筑豊讃歌』（日本放送出版協会、昭和 52 年）、『筑豊万華　炭鉱の社会史』
　　　　（三一書房、平成 8 年）

　　『田川市史』の事務局長での執筆・編纂、『北九州市史　近代・現代　行
　　　　政・社会』の分担執筆

　　民間と大学の協同で完成した『筑豊石炭礦業史年表』（1973 年、西日本文化

協会、田川郷土研究会　共同出版）の事務局長・編纂者（編纂者は秀村選三
九州大学経済学部教授、田中直樹日本大学助教授と永末の三名）。

　これだけ多分野、多領域で活動し、さまざまに執筆した生涯であった。し
かしここでは田川郷土研究会と山本作兵衛に関する執筆や活動の紹介に焦点
を絞りたい。

③ 田川郷土研究会に関わる永末の業績

　昨年96歳で永眠された、元田川市石炭資料館館長（現田川市石炭・歴史博
物館）の佐々木哲哉は私が知る限り、永末について、三つの文章を書いてい
る。

　第1は「永末十四雄さんと山本作兵衛画」（『田川市石炭資料館だより』1995
〔平成7〕年10月）、第2は、「永末十四生と田川郷土研究会」（西日本図書館学
会79号、2001〔平成13〕年）、第3は山本作兵衛コレクションが世界記憶遺産
になった翌年、「山本作兵衛と永末十四雄」（『海路』10号、2012〔平成24〕年）
である。

　いずれも、永末永眠後の文章である。この中で、特に第2の講演記録は、
図書館活動と田川郷土研究会の活動を詳しく語っている。

　「四十数年の知己で、特に彼が主宰していた田川郷土研究会で、25年にわ
たって研究活動をともにしてきた私」[注13]の立場から二つの活動を詳しく論
じている。一方の田川郷土研究会の面では『郷土田川』掲載著作をまとめな
がら紹介。他方、山本作兵衛関係では今も田川市石炭・歴史博物館で販売中
の「炭坑で歌われていた仕事唄と座敷唄CD」音源のほとんどは昭和30年
代（永末氏が集めた）録音テープ」[注14]と、文字資料収集だけでなく、映像・
音響の収集業績も語る。

　日本初世界記憶遺産登録1年内で書かれた第3の「山本作兵衛と永末十四
雄」の最後は次のように書かれている。やや長いが重要な指摘であるので
引用しよう。私も「作兵衛日記・メモ帳」類の発見（2002〔平成14〕年3月）・
解読・刊行（最終第16巻は2017〔平成29〕年3月）の当初から記述し、考え続
けてきたことであるが。

　「今回の世界記憶遺産登録を泉下で誰よりも喜んでいるのが永末だと思うが、人一倍厳しい彼のこと。国中が興奮の渦に巻き込まれているなかで冷やかな警鐘を鳴らしているような気がする。(中略)

　「描かれざる部分・語られざる部分」の末尾の一文が、永末の遺言であるような気がしてならない」「山本さんの仕事は宣伝化されたにしては、作品目録も解説もなく、実証的な史料批判はさっぱり進んでいない。情念的な思い入れもいいが、基礎的な作業がともなわねば評価も定まらず、後世への伝承も不完全なものとなるのである」

　秀村選三九州大学名誉教授は日本経済史に関わる学術的研究を継続するとともに市民と近世古文書を読み解き、刊行を続けている。『幕末期薩摩藩の農業と社会──大隅国高山郷士守屋家をめぐって』で国内研究者最大の名誉である日本学士院賞を2007(平成19)年に受賞した学者である。

　福岡地方史研究会、添田町津野の調査(1962〔昭和37〕年)を共同し、交流が始まる。「『筑豊石炭礦業史年表』の編纂と永末十四雄」で刊行に至る(1973年、西日本文化協会、田川郷土研究会 共同出版)7年間の修羅場での永末との関わりの数々を43年後の2016(平成28)年に著している[注15]。

　1967(昭和42)年頃からの学生運動がキャンパスを席巻し「産学共同路線粉砕運動」が高まる中、秀村は象牙の塔・大学を出て「民学協同」を追究。その場所は筑豊と佐賀県多久市であった。

　この回顧録は田川郷土研究会、田川市行政と大学研究者の間に挟まれた、永末や自身の苦悩や葛藤を50年近く経て吐露した珠玉の文章である。

　私が関わってきた福岡市博多区での活動や作兵衛世界遺産登録に至る産・官・民・学の協働の苦悩や葛藤と重なり、永末・秀村先達の偉大さに敬服する。

　その最後に秀村は吐露する。「永末十四雄は川筋男の多様な生き方を学びながら川筋の意地を貫き、今は全く数少なくなった川筋男であった。彼自身川筋への挽歌を奏でていた気がする」と。

　田川郷土研究会顧問の田中直樹日本大学名誉教授はこの珠玉の「回顧録」にも、「資料集めの鬼、若き研究者」でたびたび出てくる。氏は「忘れ得ぬ

人々」の中で「苦学力業の士　永末十四雄」を書いている[注16]。当時の「若き研究者」も今年で 80 歳である。氏の『近代日本炭礦労働史研究』（草風館、1984 年）「あとがき」には「昭和四三年の春　永末十四雄氏（当時田川市立図書館長）の誘いで『筑豊石炭礦業史年表』の編纂に加わったことで、炭鉱史研究へ意を固くした」と述べる。

　組織者（オルガナイザー）としての永末を彷彿とさせる記述である。「田川郷土研究会を自らも執筆しながら牽引された人」「山本作兵衛世界記憶遺産登録の基礎を築かれた人」とも書いている。

　これまで述べてきた人々に加え、さらに何人かの人たちに聞き取りができた。永末と 7 年間図書館で仕事をした元市会議員の白水数人（81 歳）は「集中力があり、仕事の早かった人」と脱帽する。

　社会教育の分野で永末を知る田川広域観光協会専務理事太田傳は「話し方に切れがあり、鋭い文章を書いていた」と語る。

　まさに筑豊炭鉱地帯の生成・栄光と衰退・消滅の輝ける闇を掘り続けた人である。筑豊三部作の 3 冊目『筑豊万華』はきらびやかな万華鏡と同時に筑豊炭礦での労働で死に絶えた人々、そして筑豊炭田の消滅への挽歌（鎮魂曲）を重ねている、と私は直接聞いた。同時に、まさに秀村『回顧録』のいう「炭都筑豊の終焉と同時に、肺癌で命尽きようとする自らへの挽歌」だったかもしれない。しかし、たとえ生命尽きても、執筆された著作、収集された史資料は残り、保存される。

④ 永末文庫設立の経過と内容

　田川市職員として職場を共にし、結婚した妻・故雅子は永末の最大の理解者であり仕事を協働した同業者であった、と私には思われる。彼女は永末没後、8 年間執筆の場・書斎や史資料をそのままに保存した。この間、貴重な史資料を譲り受けようとする動きが多々あった。私も譲り受けるというより公的機関で保管する必要を痛感し、度々ご自宅にお参りに伺った。それが、失礼にあたり、ご迷惑をかけたかもしれないし、そうであれば心よりお詫びしたい。

　いずれにせよ、永末家の書斎に当時のまま守り続けられた史資料は、8 年

間を経て散逸せず全て、お二人の長年の職場・原点である公的機関・田川市立図書館に一括して安置された。新聞などでも写真入りで紹介された。『読売新聞』の見出しには「遺品 6000 冊『恩返しに』妻寄贈」と紹介されている（2004〔平成 16〕年 6 月 18 日）。ここまでに至るいきさつにも紆余曲折するいくつかの事態があった。その間の資料の一部をここで紹介しておく。

永末文庫開設式の時、市長から感謝状を受け取った雅子・妻は「本人にとっては何物にも代え難い本ばかり。多くの人に利用してもらいたい」と言っている。

「永末文庫」には書籍ばかりでなく、筑豊や図書館研究の各領域・各分野の原史資料、コピー等が保存されている。

その後 16 年、佐世保などに保管されていた上野英信（1923 ～ 1987 年）の膨大な『筑豊文庫』資料も直方市図書館に帰ってきた。氏もまた筑豊に一身をとして挑んだ先達である。この二人を中核に、山本作兵衛に寄り添い筑豊を描き・記録した人々の人間模様の解明は今後の課題である。

（田川郷土研究会『郷土田川』51 号、2021 年 4 月）

（2）永末十四雄への推薦書（秀村選三執筆）

永末氏の研究業績は、過去 36 年間にわたり、著書 16 編（自著 4、共著 3、分担 9）、論文 11 編、研究発表 7 件に及んでいる。このうち、図書館学研究は、とくに図書館史の研究である。氏はこれまでのわが国の公共図書館の形成過程を欧米のそれとは成立基盤が異なり、独自の経過とを辿らざるを得なかったことを主題として研究した。とくに、図書館設立の契機となる教育政策と教化対策に対応する公私の図書館運動の展開過程と図書館の諸類型の出現およびその地方的特徴を明らかにした。前後 20 年におよぶこの研究を集大成した「日本公共図書館の形成」は、研究者間で「明治維新から敗戦までのわが国の公共図書館の通史といってよく、そうした性格のものとしては、最初の著書」（近畿大学短期大学部教授　埜上衛、図書館史研究会ニュースレター第 13 号）と評価された。また、この論文は出版文化国際交流会の「Annotated Catalogue of Books Published in Japan 1979-1984」

に登載され世界各国に紹介されるとともに、昭和61年10月には日本図書館学会より学会賞を授与された。

　つぎに、地域研究については、石炭鉱業の産業史的意義について本格的研究を「民学協同」ですすめ、『筑豊石炭礦業史年表』を編纂した。この研究を通じて石炭鉱業草創期における炭坑主列伝を明らかにし、わが国の産業革命期における炭坑主の果たした歴史的意義について論じた。また、筑豊における石炭鉱業と部落の形成過程との相互関係について研究をすすめ、筑豊における部落問題の固有の課題の理論的基礎を提供した。

　以上、要するに、永末氏の研究は、資本の側からする産業技術研究、体制批判の立場からする労働関係論の成果をそれぞれ援用しながらいずれにも拘束されず、独自に史料批判をすすめて総合的な地域史として体系化しようとするものであって、地域文化史に関する研究業績は高く評価される。

福岡部落史研究会定例研究会のあとで。後列右より3番目が永末十四雄。報告者は前列右のイアン・ニアリー（1978〔昭和53〕年2月11日）

田川市立図書館内の永末十四雄文庫

第2章　上野英信・晴子の貢献

第1節　上野英信——先達の眼力

(1) 日本初世界記憶遺産登録は何をもたらすのか——ああインターナショナル我らがもの

① 世界水準の山本作兵衛・田川・筑豊

　1992（平成4）年から始まったユネスコ（国連教育科学文化機関）の世界記憶遺産（Memory of the World：MOW）に日本からはじめて、筑豊の山本作兵衛コレクション（記録画、日記、ノート類697点）が登録された[注17]。2011（平成23）年5月25日（フランス・パリ時間）のことである。

　この登録達成は2006（平成18）年より産・官・民・学の協働による田川・筑豊炭田遺産の世界遺産登録運動の成果である。これに携わった人々のすべての努力が祝福されてよい。

　ユネスコ世界記憶遺産登録申請者の一人として本当に慶びたいし、この快挙は筑豊・日本の文化革命の意味をもつ。そのもたらしたものと意義について10カ月を経た時点での提言をしたい。

　世界中の2011年登録は45（追加登録で52）であった。隣の韓国では二つ（1980年代の光州事件人権文書と李朝朝鮮時代の王朝日記）登録され、韓国だけで九つ目である。中国でも本草綱目文書が登録されこれまた九つ目である。日本の場合、韓国光州事件人権文書と同様、国を通さない申請であり、政府

は申請をしていなかった[注18]。

　6月26日以降のマスコミ報道は日本が各国に比べずば抜けて大きいようである。この快挙にイギリスより祝福メールをくれたイアン・ニアリー夫妻（オックスフォード大学・ブルックス大学）は夏休みに来日した時、これらの報道の過熱ぶりを喜びかつ驚いていた。

　国宝級以上の保存・活用体制をともなう日本政府の責任の重さを示しているし、日本のマスコミの一部、特に60歳代以上の関係者には知られていた筑豊の山本作兵衛であったからであろう。

　もちろん、山本作兵衛のすさまじい人生と記録画や日記等による表現が人類の普遍性としての記録に値するからなのだ。その普遍性とは、時代、場所、人類、主題、テーマ、形式、社会的・精神的・地域的意義で最大六つの条件を満たしていることである。

　国際連合は2度と世界大戦を起こさないために、1945（昭和20）年に世界45カ国参加で創設され、現在は193カ国が加盟し活動している。ニューヨークにある本部は経済社会的部門を中心とした組織であり、国家を超えたガバナンス（統治）機関といえる。国際条約、国際紛争の司法面での解決・提言はオランダ・ハーグにある国際司法裁判所がになう。世界の教育・科学文化を世界的規模で推進する機関としてユネスコはあり、フランス・パリに本部がある。

　このユネスコが承認・推進する三大世界遺産の一つとしての世界記憶遺産に全員一致で日本で初めて登録された。その意義は、価値観が大きく転覆するという意味で、文化革命に匹敵するほど大きい[注19]。

② 山本作兵衛の価値とそれを見抜いた先達の眼力

　解体寸前の山本作兵衛終の棲家から持ち出したものの一つに「祝金婚式・先山一同」の銘板がある。無念の思いを晴らしたと、地の底でもっともよろこんでいる人々はこうしてともに労働し事故で無名のまま逝った人たちと思いたい。それらの人々の生きざまを描き、記録することで、山本作兵衛の価値を見抜いた先達がいる。この間のマスコミにはほとんど登場しなかった二人をここに書こう。

　永末十四雄（1923 〜 1995 年）。福岡県田川市立図書館司書時代、木曽重義、長尾達生たちが『明治大正炭坑絵巻』（1963 年）を刊行した頃山本作兵衛と知遇となった。その当時はマスコミ関係のこの本への注目はなかったが永末は作兵衛の絵や生き方に感銘を受け、自宅に通い始めた。当時、立花重雄が筑豊を描く画壇では有名であったが図書館長となる中で、山本作兵衛の絵の保存に迷いながら力点を置いたという。彩色もすすめた。当時を語る写真家橋本正勝は、山本作兵衛から寄贈してもらった初期の色彩画を示しながら、山本・橋本の絵画写真共同展のパンフレットを見せていただいた。

　永末は筑豊三部作『筑豊　石炭の地域史』（日本放送出版協会、1973）、『筑豊讃歌』（日本放送出版協会、1977））、『筑豊万華　炭鉱の社会史』（三一書房、1996）や『日本公共図書館発達史』（日本図書館協会、協会賞受賞）を著わしている。これらの著作とともに筑豊の被差別部落の形成過程や現状について研究し明らかにしてきた開拓者であった。「筑豊と部落問題」について福岡部落史研究会機関誌にも書き、同人でもあった。

　上野英信（1923〔大正 12〕〜 1987〔昭和 62〕年）は日本の炭坑に関心を持つ人にとっては周知の人である。『せんぷりせんじが笑った！』（柏林書房）、『親と子の夜』（未来社）などを出版する中で『追われゆく坑夫たち』（岩波新書、1960）、『日本陥没期』（未来社、1961）を出し全国的に発信をした。時は、総労働対総資本の三池闘争があり、炭坑閉山の嵐が吹き荒れている時代であった。

　『地の底の笑い話』（岩波新書、1967）では山本作兵衛さんの絵を数多く掲載し紹介している。そして、炭坑の、特に中小零細炭坑のすさまじい労働や生活の中にある喜び、笑い、したたかさ、たくましさを物語にしている。この新書には「被差別部落のケツ割話の恩義」も登場する。『天皇陛下萬歳』（筑摩書房、1991 年）は被差別部落出身者伝説が噂された肉弾三勇士を追った物語である[20]。その後もブラジルまで炭坑労働者を追いかけた『出ニッポン記』（潮出版社、1977 年）、『写真万葉録・筑豊』（全 10 巻、趙根在と共同監修、葦書房、1984 〜 86 年）、『上野英信集』（全 5 巻、径書房、1985 〜 86 年）と多くの仕事をされている。

　『部落解放史・ふくおか』（20・21 合併号、1980 年）には「部落学」の必要

性も提起していただいた。

　お二人に深く関わった現在の世界記憶遺産検討委員会委員の田中直樹日本大学名誉教授は数多くのエピソードを知っておられる。こうした人々がまだまだ数多くおられるし、今後明らかにしていただく必要がある。また、「長尾達生物語」を『山本作兵衛さんを〈読む〉会 10 年史』に執筆した安部正紀は「永末さんは山本作兵衛さんに彩色をすすめ、世に出した人であり、上野さんは全国に知らしめた人である」という。けだし名言であろう。なぜなら山本作兵衛は記録魔としてのあふれる才能を「外には出さない控え目な人だった」からである。

　山本作兵衛は炭坑労働者であり、当時は坑夫であり、マイノリティminority（被差別・解放少数者：森山訳）であった。

　上野英信は『近代民衆の記録（2）鉱夫』（新人物往来社、1971 年）を編集・執筆しており、その中に山本作兵衛がとりあげられている。このシリーズの中には兵庫県の解放教育運動で活躍した西田秀秋編著の『部落民』もある。

　永末や上野の眼力とは「社会の『底辺』で生き抜いている人々への共感とその生き抜くエネルギーを当事者とともに発掘し、記録化した」生きざまであろう。

　上野英信の家庭内の姿や生きざまを書き留めた古書店主・上野朱は「永末十四雄さんは理の人、上野英信は情の人」との言い方をしていた。

　永末先達の遺著となった『筑豊万華』のタイトルは旧産炭地となった筑豊が万の華・万華鏡であり、かつ挽歌（レクイエム・鎮魂歌）を捧げるとの情にも満ちている。そして、この本のタイトルのいわれを確かに私は県立大学の生涯福祉研究センターの一室でも聞いている。しかし、確かに書かれた文章内容は社会科学的である。

　一方、私が畏敬し、尊敬する上野英信の数多い著作中『地の底の笑い話』では、次の決然たる決意、鹿児島の俚諺（民間に伝わることわざ）が紹介されている。

　　歌は唖（むご）にききやい
　　道ゃめくらにききやい

　理屈ゃつんぼにききやい
　丈夫なやちゃいいごっばっかい

　民間に古くから伝わる伝承でもあり、現在は使われない身体の特徴を示す差別語が使われている。しかし、俚諺の意味は、「世間からは障害者と思われている者こそ真実を唄うし、行くべき方向を知り、理論を知っている。一見丈夫そうなエリートは実は嘘ばかりしか言わないのだ！」と価値の逆転を喝破している。

　こうして、上野英信は地の底を這う炭鉱労働者の生きざまを記録してきたのだ。

　この二人は私にとっても青春時代からの先達である。永末十四雄資料は田川市立図書館2階に当時の斎藤図書館長や原司書、そして目録作成をした当時県立大学院生荒内大輔とともに雅子御令室の協力により永末十四雄文庫をつくることができた。上野英信については民間の人々による多くの記録と作品が残っている。

　二人にとって、山本作兵衛の地の底で50年間以上労働し生活し続け、それを表現しえた偉大さを見抜いていたのだ。「滅びゆく炭鉱への挽歌」「(一見して) 丈夫でないもの者にこそ万華があり、笑いがある」とした眼力が、山本作兵衛自身のすごさに加え、さらに輝きが協奏されたのではないか。

　その後、日記が発見されての10年間、これらの成果に加えて山本作兵衛の発見された日記やノート類を通して、新たな事実が明らかになってきている。

③ 地の底を掘る意味と根拠

　2009（平成21）年10月、東京プリンスホテルでの九州・山口近代化産業遺産のイコモスによる総括的提言シンポジウム（参加者500名）は筑豊炭田遺産を関連遺産としか評価し得なかった。しかし、山本作兵衛コレクションの数々はスライドで大きく紹介された。その時の私の記録には次のような記述がある。その時、関連資産となった田川・筑豊はどう紹介されたか。

　「1910年前後、日本・アジア最大の石炭産出量を誇り、上海経由でアジアの近代化へも貢献した筑豊。今回236の遺産調査のうち80カ所が筑豊であった事実、そして、産業遺産としての炭住や、山本作兵衛の炭坑絵物語が、シンポジウム3時間半のうち30分間をかけて報告された」のである。

　きわめて残念なことに世界文化遺産的価値のある広大な炭住街や三井倶楽部などは解体されており、スライドでしか紹介できなかった。

　田川・筑豊の世界的産業遺産のほとんどは、建築物や景観では消滅している。しかしながら、山本作兵衛描く川艜から鉄道、炭鉱終焉までの絵物語や炭坑節、そして川筋気質のコミュニティは存続している。

　これらをさらに発掘し、世界遺産登録化する余地はまだまだある。筑豊を担当したM. ピアソン博士は田川・筑豊の山本作兵衛絵物語や松原住宅、石炭・歴史博物館のビジターセンター化やユネスコ「世界記録遺産」登録構想を打ち出してくれた。

　以上が当日の記録の一部であるが、この時、世界記憶遺産への歩みが始まったのである。

　その後1年間、九州・山口世界文化遺産からもれたとあきらめることなく、世界記憶遺産申請へと動いた集団があった。そこに、私たち（社団法人）福岡県人権研究所のメンバーは位置していた。

　世間には「手のひらを返す」という言葉がある。登録されて以降、そのことわざをたびたび味わってきた10カ月でもあった。しかし、良いものは良い、残されるべきものを残す必要があり、「返された手のひらを再び返さないようにする」必要がある。単なるブームで終わらせてはならない。

④ 人とし生きるために

1. 地の底から／地の底から／怒りが燃え上がる／
　この切羽で／この切羽で／仲間は息絶えた／金のためには／人の命も奪い去る／やつらに怒りが燃える。

2. 血にまみれた／血にまみれた／写真が落ちていた
　学生帽の／ランドセルの顔が笑っていた／この子にすべての／望み託

して働いていた／友の姿が浮かぶ。

3. 命かけて／命かけて／築き上げた職場／

　　この職場に／闘いの火を／燃やし続けよう／

　　人とし生きるため／子らの未来のためにこそ／搾取の鎖を断ち切ろ
　　う！

（太平洋炭鉱・佐藤広志『人とし生きるため』）

　こうした炭鉱の労働歌を 1960 ～ 70 年代に何度歌ったことだろう。また、
「ああ　インターナショナル　我らがもの」を機動隊・国家権力の激しい弾
圧（サンドイッチ状にされたデモ隊は、彼らからみれば秩序を破る暴力学生であり、
足や腰を蹴られていた）のデモを貫徹した後の福岡市の警固公園やアメリカ大
使館前で仲間と何度も歌ってきた。

　しかしその後、1972（昭和 47）年に学生・労働運動を経て革命集団へと飛
躍し、世界同時革命を実行しようとした連合赤軍によるあさま山荘事件が起
こった。それは一言でいえば（なかなかいえないが）、「人民のため、抑圧さ
れた労働者の解放のためと闘い続けていた『戦士』たちの人間としての弱体
性・みにくさが暴露された」のである。人間としてやってはならないことを
対国家権力への戦争・革命の名のもとに行ったのである。新左翼陣営のいわ
ゆる「内ゲバ」もその流れにあると私は考える。マスコミや社会問題にこそ
ならなかったが私たちも福岡で同様の構造的なものを体験した[注21]。

　「搾取の鎖を断ち切った」はずであったソビエト社会主義共和国連邦は
1991（平成 3）年に崩壊。私共が 1970 年前後にソ連の国家体制を非・反スタ
ーリン主義といっていた正当性が明らかになった。

　1986（昭和 61）年、ソ連チェルノブイリ原発事故が起こった年の 9 月、子
ども会・ピオニール研修で視察団 6 名による 3 週間の研修でソ連を訪れた。
主催は大阪の（財）解放教育研究所、案内はルムンバ大学卒業の国分一太郎
（教育実践家・作文教育を推進）の娘さんであった。

　現在のロシアとは国家を異にする、グルジアやターリン共和国などを訪問
した時、国家・市民社会が崩壊する生活の状態をまざまざと見て刻印した。
食料品店に品物はなく列ができている。酒店にはアルコール依存症とおぼし

き人々が並ぶのである。崩壊4年前であったが、ターリンでは北欧のテレビ情報が流れ、大集会の会場は野外音楽堂として登録されていて、そのことを信用できる訪問者には話してくれていた。

これらソビエト「社会主義」国家の崩壊、市民生活の窮乏を総括・検証することもないまま、21世紀へと政治や文化は流れてきたのではないか。

権力の中枢にいて活動するものにとって決して山本作兵衛の記録画や日々書かれている日記類の感動は伝わらないであろう。ただ単に「世界記憶遺産としてユネスコが認めたから」とのブームに便乗し相乗りするだけである。

事の是非はともかく、福岡県出身で真珠湾攻撃(1941年)で帰らぬ人となった古野繁實少佐が4年間、9軍神の一人として神社までできていた。その後、敗戦・民主主義を迎えて戦争責任者の象徴となったように時の流れは軽佻浮薄なのである注22。私たちは時代やブームに流されてはならない。

山本作兵衛の生涯と表現活動を人類普遍の、類を見ない人類が共有すべき記録（コレクティブメモリー）として、もっともっと明らかにする必要がある。

今回の（社）福岡県人権研究所の特集への取り組みはその第一歩の試みだろう。ここで述べて来た視点から、日本で初めての人権宣言・水平社宣言とそれに関連する記録を世界記憶遺産にする取り組みを提言したい。

（『リベラシオン』［社］福岡県人権研究所、2012〔平成24〕年12月）

(2) 追悼・上野英信──私(たち)の青春回路・1970年前後

被差別部落問題の見方・考え方を語る時、1967（昭和42）年に出された上野英信先達の『地の底の笑い話』（岩波新書）をよく取り上げる。

「自分の炭鉱生活が、古い、見棄てられたような中小炭鉱から始まったことを、なによりしあわせであったと思う」（同書・あとがき）などを引用しながら。つまり、「浅くて暗い部落問題ではなく、深くて明るい哲学・社会科学的部落問題」が必要なのであるから！

そうすると話しているおのれが興奮し、相手への配慮もなにもなくなってしまう。よくないことではあろう。今はもう、筑豊の谷川雁や森崎和江、水俣の石牟礼道子などの名前も、ほとんど知らない20歳前後の学生に講義で、

「1960年代、筑豊の『サークル村』」がどうのこうのと、時々話をしてしまう。

　英信の訃報を聞き、11月23日の葬儀に参列した週の福岡教育大学での同和教育論の講義でもそうだった。

　ただし、今回は「テレビで視た」とか「教科書（？！）でおぼえている」などの声があった。……ふと気が付くと30分以上もその話をしてしまっている。

　　「歌は唖（ムゴ）にききやい／道ゃめくらにききやい／理屈ゃつんぼにききやい／
　　丈夫なやちゃいいごっばっかい」
　　　　　　　　　　　　　　　　　　　　　　（『地の底の笑い話』1967年）

　　「それならば／「唖」や「めくら」や「つんぼ」はどうするのか／丈夫
　　なやちゃいいごっばっかい言う者は、きこうとしてしまった者はどうする
　　のか」　（『0地帯』――「擬制空間に深紅の解放の烽火をあげよ」自費出版、1971年）

　1986（昭和61）年の12月21日（日）、筑豊にある直方市筑豊会館までは汽車で揺られて行った。炭坑の火が消えたとはいえ、まだまだ往時の街並と石炭の臭いは残っている。

　『写真万葉録・筑豊　全十巻』完結記念祝賀会。多分、川原一之だと思うが、師弟の温情の故か、「上野は近ごろ柔和になった。仕事に覇気がなくなった」ような趣旨の発言があった。後の挨拶で反論した上野先達は、「私は鬼だ、鬼として仕事をしている」由のことを言った。

　この時、英信には死相が見えるほどに真剣な形相であった。そのあと入院をお聞きした時、「危いな」と思ったのは私一人ではあるまい。その二次会の席で、なぜか私はかなり飲みすぎた。別の店に明るいうちから直方市にいた友人と行き、筑豊文庫まで辿りついた時はかなり深酒をしてしまっていた。

　それでも、薄暗闇の家のなか、20数人が集い、長い長い仕事の完結の祝いの輪にはいらせてもらった。その時頂いた筑豊での祭、あの花火が開いたカレンダーは1年間居間で役目を果たした後も、捨てられることなく書棚へ

しまいこんだ。

　美しい美しい闇の花火。まっくらなかがやき、私などが、いくらか部落問題にたずさわっていて、筑豊に上野英信（たち）がいる安堵感は、闇のかがやき・火柱であった。

　私などにも、もし思想的営為なるものがあるとすれば、初発のものは 15、6 歳であるとしても、意識的自己対象化は 18 歳になり、福岡の街に学生として日田の山奥から出てきてからだった。

　そして当時、学生の大部分がそうであったように思想の触媒は大学の講義などではなく、先輩であり、サークルであり、キャンパス内外でのふとした出会いであった。

　『近代人の疎外』『空想より科学へ』『賃労働と資本』などの読書会にすっきりなじめない私は、ドストエフスキー、フロム、ニーチェ、阿部次郎『三太郎の日記』、夏目漱石などを乱読していた。そうした 20 歳の頃、先輩に連れて行かれたある政治集会で、聴衆として話を聞いたのが上野先達を直接眼にした初めであった。聴衆とはいってもその数は 200 人程、政治集会とはいっても政治主義的言辞と傾向を批判していた。自らの歩み（生きざまといっておられた）と自己切開……など、ぽつぽつと言葉を選んで話しておられた。奇妙に内に喰い込み、なにかしら畏怖としての存在になっていった。

　私の係累の長男はほとんど農家を継ぎ、その 3 男の父は 1905（明治 38）年生まれ、アジア主義を夢見て 16 年間中国で過ごした。私は敗戦、引揚者・社会教育主事の長男として、高度成長の端初を山間の日田で近代化になじめなかった。蓮根畑がなくなり、村道が舗装され農薬で死者が出る近代。その私にとって、『日本陥没期』は異質の世界を視て驚愕だった。だが、『追われゆく坑夫たち』はもう一つ受けとめ得なかった。しかし私より 1 学年下の、内田努（当時 19 歳）のセツルメントサークル内勉強会でのこの本の長い長いレポートの感動は、なぜかしら残っている。1967（昭和 42）年 6 月 11 日に大濠公園で溺死した彼の死の 3 カ月前、サークルの春の合宿でのことだった。私はその合宿で、無制限にでた朝飯を食べすぎて、腸閉塞による 6 回目の手術をするわけであるが。

　NHK のラジオ放送で、ともに活動していた青年サークル「麦の会」の原

口顥雄、北口忠と上野英信が、部落問題の対談をするということを聞き、私にとってもさらに身近になった。

　最初、筑豊の家にお邪魔した時は、ホルモン（博多では「二号」とも言った）を持って行き、剣道の練習が終るのを待っていたのを憶えている（同行の原口顥雄は、その時泊ったというが、それは記憶になかった）。

　『親と子の夜』（1959年）などの作品が筑豊の子ども会のなかで生まれてきたのではなく（それらと距離を置いた意識的作業）のなかで夜を徹してできたことを聞き、どっぷりと地域子ども会活動などにつかっていた自分を反省させられた。1969（昭和44）年頃ではあったが、その年成立した同和対策事業特別措置法など意識になかったと思う。この時、話のはずみで、当時読んでいた五木寛之を「フィーリングがあう」などと言い始めたら、奥のほうから「読者の手紙」を持って来られ、それを読んでくれながら、五木寛之と私などの軽さをたしなめられたこと、痛い想い出である。

　じっくりと、重たく、丁寧に仕事をされる方であることは誰もが認めている。

　筑豊、中間市や宗像郡八女郡の福岡県青年団メンバーと麦の会サークルなどで、〝福岡県青年団反戦共闘〟なる組織なき組織のようなものができていた。その時も上野英信は、みんなの相談役の形であり、沖縄も視野に入れた活動をしていた。

　1960年代後半からの私（たち）の青春には谷川雁・森崎和江もいた。もちろん谷川は「東京へ行って」いたが活字と伝説は生きていた。「大衆と知識人のどちらにもはげしく対立する工作者の群……双頭の怪獣のような媒体を作らねばならぬ」（「工作者の死体に萌えるもの」『原点が存在する』56頁）というレトリックあふれた文体は、いきがる私（たち）の気負った感性と思想を魅了した。

　だが4〜5年後、上野英信と谷川雁の生活関係を含めた乖離を知り、「辛かっただろうな」と深く考えさせられた。私にもそれと同様ともいえないコップのなかの嵐の時期であった。そして、信念に、そして思想的に生きるとはそうしたことなのだと教えられもした。これら先達の生きざまが支えになってきたことも事実である。

　私には、たまたまこのお二人などについて聞いたり、そのずっとあと熊本

で渡辺京二とも話をかわす機会があり、20歳ほど違うのに、九州でのこうした関係がいくらかわかりかけてきた。現代日本の屋台骨に脈打つ一つの思潮（エートス）ではなかろうか。

　上野英信の厳しさには、〈土着〉（筑豊という場所・フィールド）があり、想像力・根源力を踏まえた、事実にもとづく記録がある。そこに、私などが村・地域をまわり、事実をみようとする時、突っ張りや背伸びのない〈安心感〉を与えてくれるものがあった。だが、上野先達が経てきた絶望・希望の深みとは数段の違いがあるかもしれない。

　「爆弾三勇士序説」（雑誌『辺境』）が掲載された頃、丁度1970年代初頭の福岡での運動も、四分五裂、内部崩壊がはじまっていた。

　九大法学部をやめて、古紙回収業をしながら被差別部落の隣町で地域子ども会活動をやっていた後輩・進藤輝幸に、上野英信の本を手にはいるだけ買って持っていったことがある。

　私は大学にこだわるつもりであった。彼には野にいての、上野英信のような生き方・表現活動を期待したからに他ならない。

　大学で目覚めた者にとって、〈大学に愛を告げる〉（滝田修・当時京都大学助手）決意はしていても、大学を中途で辞めて〈底辺への土着の行為〉は私の内心を脅迫するものがあったのも事実である。私たちの仲間には、スラリと大学を辞め福岡や北九州の下請工場で労働運動をしている者もいるが。そして告発調で他者をなじる者もいた。葛藤は私なりの総括をするまで続く。

　その彼も、今は中学教師10年目、あの昼でも薄暗いセツルメント・ハウスの部屋はもう解体された。隣町も部落解放同盟に加わり近代的威容の14階建、鉄筋市営ビルが2棟建つ。あの時の本はどこにいったのだろうか。

　ともあれ、私（たち）にとっての筑豊という土壌は〈知への歩行〉をしている者にとって、〈後めたさ〉をも抱かせる定在でもあり、それは〈部落〉に対しても同様の心情があった。

　だが、上野英信と接する時、想う時には、そうした〈土着〉のなかを生きて書いていながら、〈安心感〉を与えてくれる、何かがあった。なぜか。苦難の道を歩いたが故の、他者への配慮と生きる上での真摯さが、内なる鬼気と怨念を〈出す時以外は出さぬ〉という自信としてあり、それが回りの人を

安心させたのではないか、と考える。

　当時、私（たち）の囲りにいる、部落差別に対してヒステリックな告発者たちは、自らの不安を他者へ吐き出し、ぶつけることによって安心立命を得ようとする傾向がないではなかった。関係の相対性において、私自身もそうであったかもしれない。

　もちろんそれで、解放への地平が切り拓かれるはずはなく、無間地獄への螺旋階段を陥ちていくだけであったが。

　『部落解放教育の地域的形成──自己教育の生成と展開』（明石書店、1984 年）という、世界的に有名な版画家・浜田知明（初年兵哀歌）の装画と装幀だけは立派な、それでも青春への想いのこもった私の初めての本が出た 38 歳の秋。福岡部落史研究会の青年メンバーを中心に 25、6 名程でホルモン会をやることになった。

　「英信さんが来られる」ということを聞き、学生時代からの熱い、複雑な心境を含めて、すぐ本と赤面の手紙を添えてお送りした。

　「出版をダシにして飲む会」だったので、ホルモン鍋をつつきながら、言いたいことを私を含めてそれぞれが言っていた。

　私自身、単著は初めての体験なので、混乱というか混沌（カオス）とした心情が言葉や身体にあらわれていた。

　上野先達は私の心理的動転を鋭く見抜き、次のようなことを言われた。

　　「……学生時代、ときたま来ていた青年だったが、さきほどの話を聞くと、すこぶる混乱しているといった。しかし、森山が混乱していない状態というのは幸か不幸か、未だかつて知らないし、混乱するのが本質ではないかと思っている。ただ悪いのは自分が混乱するだけではなく、人まで混乱させるという癖があるのが困る……」

　そのあと、東京・明石書店の店主・石井昭男の会社について言及んだ。「東京的ならぬ、なんとも侘しい、本の臭いがちっともしなくて、焼酎の臭いがする、屋台か無許可の産婦人科の家のような建物に、東京に数カ月滞在している時、人恋しくなると足を運んだ」という。「そのようなところから

本が出されたとは……」といってくれた（明石書店も今は、神保町から本郷へ出て、新版の本の臭いと山、そして酒の臭いに変わってきたが……）。

「混乱する時以外は混乱しないこと」なのだろう。「難しくともいい。ただ別にわかりやすいのを書けるなら」（秀村選三）、「ともかく第1歩ですね」（渡辺京二）といってくれたいろいろな〈先達・なかま〉の言葉とともに深く深く刻印されている。

その1次会が終って階段の降り口で、「北口君は元気ですか、どうしていますか」と10年以上前のことを正確に記憶し、気にかけておられたのには、飲んでいた心が一瞬瞠まされた思いであった。

『天皇陛下萬歳』（筑摩書房）が、夕刊フクニチや、第1次『辺境』での連載を経て1971（昭和46）年冬刊行された後の数年間は、告発的反差別の時期であった。そして全国的に、言葉狩り的運動が展開された。

当時の月刊雑誌『情況』のなかで、「あの上野英信ですら、三勇士のなかの何人が部落民であるか否かについて言及しきれていない」類いの書評を読んだ記憶がある。

さらにはこの書について、運動団体などから糾弾・告発を受けたという話もかすかに伝わってきたことがあった。

上野先達の葬儀の帰り「まだ焼酎一本さげて歩いているのでは」との告別の辞も手伝ってか、福岡部落史研究会の先学・仲間と4人で、ビール・焼酎をかなりの量、口にした時もそれに類した話が出た。

〔英信さんの視座が部落問題・解放の内容からずれているはずがない〕。これが私の確信である。

同和対策事業特別措置法（1969〔昭和44〕年成立）以降の対行政闘争だけのあり方があるとすれば、それに批判は持つにせよ、〈政治的闘いと人間の解放〉を、深い深いところで見つめようとしていた上野英信である。

「部落民といった、いわない」「非人やエタという言葉を使った、使わない」の非難では、たとえ、言葉・記録文学を生業としているといえども、その背景につらなる思想的営為への批判には到達し得ない、もどかしさを持っていたのではあるまいか。

この小文を書くにあたり、筑豊の部落解放運動にもかかわりを持ち、英信

さん関係の集会で時々あっていた田中浩二青年部長（当時・現市協委員長）に
そこらあたりを訊ねた。

　「径書房の『上野英信集5・長恨の賦』あとがきに、そんなことについて
は書いているし、むしろ『天皇陛下萬歳』は、英信さんにとって、正面から
部落問題を、全力で書こうとしたものではないか」との返事だった。

　私は不明にして、『長恨の賦』あとがきが記憶になかった。

　「じっさいに三人の中に被差別部落民がいたのかどうか、いたとすれば誰
がそうであったのか、そのことは一般民衆にとって問題ではない。一言あれ
は部落民だ、と言えば、たちまちいっさいの光輝は消えてしまう」（同書あ
とがき、447頁）と書いているように「三勇士にまつわる『部落民伝説』のく
ろぐろとした影の正体をつきとめたい」（同書、449頁）との想いであったの
だろう。

　つまり「誰が部落民であるかないか」ではなく「部落民伝説が生まれる日
本社会の闇を天皇制とのかかわりで解明」していこうとしたものであろう。

　「さらに書きすすみたい」という、1986（昭和61）年2月20日時点での英
信さんの願望は、「三勇士にまつわる『部落民伝説』のくろぐろとした影の
正体をつきとめたい」（同書、449頁）という、さらなる挑戦への意欲なのだ。

　しかしながら、それは果されず黄泉の国へと旅立ってしまわれた……。

　炭坑、日本の中の朝鮮、そして被差別部落が上野英信の五体から離れてい
るはずがない。『写真万葉録筑豊』が完結し、あの、闇に咲く大きな花火が
炎の柱となった時、多分『肉弾三勇士』や花山清、そして井元麟之、よく筑
豊に行き文学・部落問題の話をしておられた初代福岡県部落出身教師の会会
長・中西重雄先生などのことを綴り始める予定だったのではないだろうか。

　月刊誌『解放教育』や『天皇陛下萬歳』のなかにこれらの人々のことが実
名、仮名で出されているのを読むにつけても、そう思う。そして浅くて暗く
拡がった部落問題について『地獄の底の笑い話』を闇をつらぬく炎の柱とし
て、もっともっと描いてほしかった。

　もし、末期の癌が不治の病とするならば、生きていて筑豊に住んでいてく
れるだけでもよかったのに……
　　　　　　　　　　　　　　　　　　　　　　　　　　　　　　　　合掌

　（1987年1月26日原稿、『部落解放史ふくおか』1987年3月、第48号に加筆・訂正）

(3) 上野英信の著作目録 (単著　初版のみ)

① 『えばなし・せんぷりせんじが笑った！』1954 年 11 月、私刊

② 『えばなし・ひとくわぽり』1955 年 8 月、私刊

③ 『煎黄連・笑了』上海・新文芸出版社、1957 年 5 月

④ 『親と子の夜』麥書房、1958 年 7 月

⑤ 『追われゆく坑夫たち』岩波新書、1960 年 8 月

⑥ 『日本陥没期』未來社、1961 年 10 月

⑦ 『地の底の笑い話』岩波新書、1967 年 5 月

⑧ 『どきゅめんと筑豊・この国の火床に生きて』社会新報、1969 年 7 月

⑨ 編著『近代民衆の記録 2　鉱夫』新人物往来社、1971 年 11 月

⑩ 『天皇陛下萬歳　爆弾三勇士序説』筑摩書房、1971 年 11 月

⑪ 『骨を嚙む』大和書房、1973 年 4 月

⑫ 『出ニッポン記』潮出版社、1977 年 10 月

⑬ 『廃鉱譜』筑摩書房、1978 年 6 月

⑭ 『火を掘る日日』大和書房、1979 年 3 月

⑮ 『眉屋私記 (まゆやしき)』潮出版社、1984 年 3 月

⑯ 『上野英信集』(1 話の坑口／2 奈落の星雲／3 燃やしつくす日日／4 闇を砦として／5 長恨の譜) 径書房、1985 年 2 月〜 1985 年 5 月

⑰ 編著『写真万葉録・筑豊』(1 人間の山／2 大いなる火上／3 大いなる火下／4 カンテラ坂／5 約束の楽土ブラジル篇／6 約束の楽土パラグアイ・アルゼンチン・ボリビア篇／7 六月一日／8 地ぞこの子／9 アリラン峠／10 黒十字) 葦書房、1984 年 4 月〜 1986 年 12 月

⑱ 松本昌次編集『上野英信集』影書房、2006 年

　このほかにも山本作兵衛に関する著作で永末十四雄との共著『画文集　炭鉱に生きる』(講談社、昭和 42 年) など、共著、新聞論説は数多くあるがここでは載せていない。

(上野英信没後 30 年を記念して福岡市文学館より刊行された
田代ゆき作成の目録を上野朱の了解のもと掲載)

第2節　上野英信と通底する光と闇、そして闇が光

(1) 部落史と作兵衛記録画（原口頴雄執筆）

　残念ながら、作兵衛さんには生前お会いする機会を得なかった。4、5年前だったか、偶々テレビに出ておられるのを拝見したにすぎない。そのときの作兵衛さんは茶碗酒を飲っておられた。しかし話し口は朴訥そのもの、しばしば坊主刈の白い頭に手を運ばれる仕草が妙に印象深かった。それは、作兵衛さんの絵が川筋の豪放さからだけでなく、はにかみに示された内向の精神の所産でもあったことを窺わせ、以来絵そのものより絵の裏側の山本作兵衛なる人間に関心を抱くようになった。

　もっとも、このような理解は常識中の常識、私の無能をさらけだしたに過ぎないが、私にとってそれは部落史の仕事の中でやっと把握しえたものであった。つまり、部落の人たちの手になる太鼓や皮笠、精巧な揉鹿革細工などは、文字以上に鋭く私に語りかけるものがあった。作兵衛さんの絵も同様、物言わぬ言葉を語りかけるようになり、私の心は揺さぶられはじめた。

　私は部落史を、書くのでなく描きたい、描くが如くに書きたいと願っている。しかし、未だに描けたと思ったことは一度もなく、歴史を描くことの困難を痛切に感じている。

　作兵衛さんは「ヤマの記録者」として既に著名であるが、私はそれ以上に作兵衛さんを、字義を越えてヤマの歴史を描いた人だと思っている。30年にわたる1000点余の炭坑画の総体は、まさに第一級の歴史家の仕事であった。「私の目的は数百年後、我が子孫に明治、大正、昭和時代のヤマ人の容相と人情と生活の状況（スガタ）を書残すという事」（『筑豊炭坑絵巻』葦書房）という文言に示された決意、そして何よりもあれだけの画才を持ちながら、そのすべてを「ヤマ」に収斂させた禁欲、さらに持続の精神は、並の歴史家の追随を許さぬところである。

　作兵衛さんはヤマの歴史を記録する手段として絵を採られ、描くことでその本質に迫られたが、この点については次のような文言もある。

　「学者や小説家によってよりよき文章を以って書いておる人もあるが、実際に体験した人が書残しておるのは絶無と言うても過言でない。それは私の

様な無学者揃いであって、筆にて表現できぬからである」(前掲書)

　謙遜のつもりで記されたのであろうが、文字によるヤマの歴史に物足りなさを覚えられたのも確かだ。「創作ではなく実説」をめざし、「成可く私の自叙伝を入れぬことに努め」たという態度は、見聞に基づく体験的事実をこそ大事にするという姿勢と相俟って、作兵衛さんを「ヤマの歴史家」たらしめている。

　作兵衛さんの絵は「ヤマ」に限定されたが、それを捉える眼は実に多様であった。採炭、スラ曳きなどヤマの労働の諸相はもちろん、女性や子ども、そして行商や旅芸の人たちにも暖かい眼が注がれた。かと思えば一転して、米騒動、喧嘩、災害、博打、リンチ、鉄道開通による川舟水運業の没落にまで及んだ。中でも私が驚かされたのは、カンテラや鶴嘴などの道具類、ボイラー、ポンプ、捲揚機、コールカッターなど機械類の精密な描写である。設計図とまではいえないにしても、機械の構造や使い方が大よそ解る程度にまで描きこんであり、これも「ヤマの歴史家」の基本的な眼であったと思う。

　ここまで書いてきて、作兵衛さんの例の頭をポリポリやる仕草が脳裏をかすめる。作兵衛さんは「歴史家」なんて言葉を決して好まれないだろうし、甚だ失礼なことを書いてしまったような気もする。

　それでは「ヤマの主(ぬし)」ではどうだろう。それでも困った顔でポリポリやられるだろうか。

　一度お会いして確かめてみるべきだった。

(故原口頴雄福岡部落史研究会事務局長の『オロシ底から吹いてくる風は　山本作兵衛追悼録』
葦書房、昭和 60 年 11 月より、遺族の了解を得て掲載)

※ 原口頴雄は 1974 (昭和 44) 年発足の福岡部落史研究会・現公益社団法人福岡県人権研究所初代事務局長を経て熊本学園大学教授。『被差別部落の歴史と生活文化——九州部落史研究の先駆者・原口頴雄著作集成』(明石書店、2014 年 12 月) 等がある。私とはセツルメント・麦の会・MF 共闘・福岡部落史研究会時代の盟友・畏友であった。この原稿も内校時、相談を受けた。しかし『著作集成』には収録されていない。

(2) 西村健『ヤマの疾風（かぜ）』（徳間書店、2013 年）を推薦する──解説・筑豊の光と闇、そして闇の光・かがやき

①自然・歴史・文化の光

　この小説の舞台、筑豊・田川には霊峰・英彦山（ひこさん）がそびえる。羽黒山（山形県）、熊野大峰山（奈良県）とともに「日本三大修験山」の一つ。往時は8000 人を擁した山伏の坊舎跡など当時をしのぶ史跡が残る。2014（平成 26）年、国の「歴史的風致維持向上事業」（10 年間）に採択され街並みや自然・歴史・文化の再興が期待される。

　日本仏教の公伝は早くて 538 年、それより前の 510 年、鹿を追う猟師が中国渡来僧に帰依、この地で山岳仏教が開基（かいき）した伝承を持つ。この山一帯は険しい岩や峰を山伏が修業した所でも知られ、天狗伝説が伝わる。

　この深山、幽山の清らかな水を集めて流れる彦山川。古代からの豊かな水田・穀倉地帯として多くの渡来人の痕、円墳や前方後円墳が遺跡で残る豊穣の大地。

　その彦山川一帯は 450 年以前からの伝統、五穀豊穣、無病息災を奉る神幸祭（じんこうさい）。彦山川の源流、英彦山神社で始まる神幸祭は、その流れにそって各手永、字の八幡神社で繰り広げられる。4 月の国重要文化財奉幣殿の神幸祭から 1 カ月余りをかけ全長 36 キロメートルの彦山川にそってかけ下る。

　晩春から初夏にかけ繰り拡げられる神幸のまつりが田川共同体なのだ。今では 1 市 6 町 1 村が大自然の恵みの中で息づいている。彦山川源流から、添田町、赤村、大任町、川崎町、田川市、福智町（合併前は金田、赤池、方城町）、糸田町、香春町と、水田や川、池や城にちなんだ地名が数多い。神楽や獅子舞、田植・盆踊り口説きなどの民俗芸能も、豊かな自然の恵みを受け継ぎ存続する。伊田の神幸祭は福岡県無形民俗文化財の第 1 号である。自然豊かな風光明媚の風土と文化を持続した彦山川と嘉穂、飯塚、鞍手、直方、中間を貫く遠賀川の流域一帯が筑豊なのだ。

　この広大肥沃の地域に明治以降、突如として大炭田地帯が形成される。日本近代化を推進した東洋一の大鉱業地帯である。

　1885（明治 18）年「筑前国豊前国石炭坑業人組合」（同業組合）が出来る。

筑前国と豊前国はこの地で合併共同し、筑豊の名前が誕生する。今日でも福岡県を4ブロックに分ける一つに筑豊の地域名は存続する。

②あらすじ・読みどころ（I）

　おれとマッコリとゼゲンは素早く見張りの手足を縛り上げドライバーでタイヤをパンクさせる。客は20人と少し。三人だけの"ハグリ"（賭場荒らし）は任侠道の頭角・海衆商会・相馬氏龍親分の口説きでたじろぐ。

　「大した度胸じゃのぅ」「威勢のええ兄ちゃんじゃ」「金の要るとやったらワシが、明日くれてやる」。ドスのきいた口調におれはブチ切れた……「おれは明日の1000万より、今日の10万の方が大事なんじゃ」とハグってしまう。

　筑豊・田川、彦山川ほとりの安アパートで留守番していたキョーコとチンピラ仲間4人で10数万を山分け。分け前も2日の内に女と博打に使い果たす。オケラで賭場から歩いて帰る。だが2晩、じっくり楽しめたんだから2万5千をスったって意味はある。「宵越しの金は残すな」が川筋気質の心意気。

　筑豊・北部九州を舞台とする命知らずの若者たちの物語はここから始まる。

　そして、おれ・マッコリ・ゼゲン・キョーコが、全国制覇を狙う神戸明石組と対抗する北部九州のヤクザ連合との抗争、筑豊（田川・飯塚）での覇権をめぐるヤクザ抗争に綾なし縺れる糸のように巻き込まれる。全国制覇をめざす血で血を洗う抗争は田川市と飯塚市を挟む一帯で繰り広げられるのだ。

　おれ・菱谷松次こと飛車松は猛牛といわれ、筋を曲げた相手4人との喧嘩で殴り倒した勲章・人情持ちの炭坑夫を親父に持つ。炭坑ガス事故で14歳の俺を残してあの世行きだが、おれの中には生きている。

　マッコリ・金永浩、通り名金田永浩は田川小学校から飯塚に転校した時の同級生。小学校時代「先生が間違ごぅとるき、言いよるだけたい。日本や韓国やち差別するごたる言い方は、誰だっちゃ間違いや」と言って、廊下に立たされる。おれは金の住む泥土と豚糞でまみれた朝鮮人部落に遊びに行く。そこで親からも歓待を受けトンチャン（ホルモン）を食べ、離れぬ仲となる。

ゼゲンこと俊堂忠虎とおれは中央中学校の同級生。口説き上手なヤサ男の割には腕っ節はなかなかで学校同士の果たし合いの助っ人でも、おれを助けて敵を殴り倒してくれる。

そのゼゲンが尻に敷かれているのは美人キョーコ。親を早くに亡くし、今でいう被差別部落で育つ。学校にはほとんど行ってないが計算もでき本も読む。極貧の子ども時代を過ごしながら何事にもまっすぐでいつも明るい。おれたち全員の宝物。

③ 川筋気質と闇・光

石炭・黒ダイヤとセメント・白ダイヤによる筑豊の未曾有の繁栄。その時代が明治以降80年間は続き、日本の近代産業革命から高度経済成長の推進役となる。三井、三菱、住友の大手炭鉱のみならず、麻生、貝島、安川の地元御三家、伊藤伝衛門、蔵内次郎作など多士済々。加えて敗戦後のドッジライン、朝鮮戦争特需では地元田川だけでも上田清次郎、長尾達生など小規模炭坑主が長者番付日本一になり、国会議員に出て石炭中央政治業界を動かしていた。弱肉強食の修羅場が鉱区・経営権をめぐって展開し、鉱夫・労働力の争奪戦が繰り広げられた。鉱夫・労働者にとっては金もうけ主義、炭鉱での出水、ガス爆発、落盤事故（非常と呼んだ）が伴う、薄紙一重の闇の坑道を五体を賭けて掘り続けたのだった。

そこに「宵越しの金は残さん」（今持つ金を明日まで残さないで使い切る気風の良さ）、「なんちかっちいいなんな」（理屈をいうより身体を動かせ）「とんぴん」（相手がだれであろうとストレートに立ち向かう調子者）の川筋気質が生まれたのである。川筋気質は義理と人情と仁義にあつく、意地を通して弱きを助ける気風でもあった。また、外では女房を尻に敷くが、家では敷かれる、女性の強さを知った者たちでもあった。

還暦を機に明治末から昭和初期までをこれらの記録画を描き、日記を20歳から書き続けた山本作兵衛翁（1892～1984年）。日本初世界記憶遺産登録（697点）登録達成もうなずける。

1950年代末以降、埋蔵石炭はあるのに石油価格に押されエネルギー転換による閉山の激しい嵐。三井、三菱、麻生、貝島の大手、中小そして零細炭

坑までが雪崩を打って閉山・産業転換を余儀なくされる。

　中央資本のそのほとんどが田川・筑豊を逃げる。一気に雪崩打つ倒産・資本引き揚げの時期。残されたのは自然・歴史、失業者と生活保護のみ。

　搾れるだけ／搾り去り行きし／三井めと／生活保護の親父つぶやく……

　閉山し廃れゆく昭和30年代にこの物語は展開される。同じ旧産炭地大牟田で育った著者西村健にとり『ビンゴ』『劫火』などとは別の、三池炭鉱を描いた『地の底のヤマ』（講談社、2011年）に続くシリーズとも読める。

④ あらすじ・読みどころ（Ⅱ）

　綾なし縺れる太い糸はガス爆発事故で死んだとされる、おれの親父のすご腕炭坑夫・猛牛の死因・仇打ちにも巡らされる。

　最後の修羅場は、たった一人、さらわれた（と思った）我らの宝・キョーコを助けに、田川から飯塚までの烏尾峠越えの10 km、豊前国から筑前国までスーパーカブ（50ccバイク）に乗って飯塚の桂一家親分の砦に突っ込む場面。男一匹、親父の形見、長ドスと45口径ガバメントを肩に腰に下げ、海衆商会の襲撃に備える桂一家の砦を正面から一点突破。当時盛んな学生運動の火炎瓶投げも役に立った。

　2階の会長室まで3人を打ち殺し、切り殺してせまる。零細炭坑経営者でもあった桂次太郎親分がおのれの女を盾に命乞いをする。「お前の親父はだまして坑内に入れた4人を助けると切羽（掘り口）まで行った時、ガスが一緒に5人を吹き飛ばした」「危ないからこそ仲間を助けようと犠牲に……」「やっぱあ　お前が親父を殺したんやな」「あぁ、あぁそうたい、うち明けたんき命は助けてくれ」……「根性無しとは知っていたが、ここまで情けない奴だったとは……」。長ドスが汚れると、切っ先を親分の喉もとから離し、くるりと向きを変え離れようとした。

　その瞬間、後ろから撃たれ、腹と脇腹、大腿が銃弾で熱くなる。「このクサレ外道があぁぁ」長ドスを振りかぶり、真上から五体をたたき切った……。

　北九州折尾や田川から海衆商会が中場杜生若頭の指揮のもと桂一家を潰しに車でたどり着く。田川の風治食堂や女郎屋松竹楼のドテラ婆ぁなどの仲間

もキョ―コ・マッコリ・ゼゲンもかけつける。

　全身血まみれ、瀕死のおれ、飛車松は全てに満足し切った表情でただ、じっと横たわっていた……。

⑤ 闇の　光

　九州・福岡の都市スラム・被差別部落に 1960 年代から 13 年間暮らし、解放運動に関わった学者が書いていた。

　「私がこの部落の生活で学んだのは『根性・性根』、『信頼・絆』と『笑い・ユーモア』です」と。

　根性・性根とは腹を据え、曲がったことにはたった一人でも立ち向かう度胸。信頼・絆は信じたらとことん信じきる義理であり仁義。そして、笑い・ユーモアとはエロ話もし、腹の底から笑い飛ばす豪快さであり、明るいかがやきであろう。

　世間の偏見に漂う、浅くて暗い同和問題とはケタ違いの炯眼である。

　今をときめく海衆商会の切り合い、百戦錬磨の若頭とハグリの決着の最終場面。「こいつの闘争心は泉のごとく、後から後から湧いて出てくるようだった。無限の鉱脈のようだった。（中略）負けた」と相手に言わせるおれ・飛車松の炭坑夫だましい。

　『ヤマの旋風』がもたらす風景とアクションドラマは綾なし縺れる糸が太いペンの剣となり、市民社会で安穏と暮らす吾々に迫り、魂を突き刺し貫く。さわやかなカタルシスの読後感。

　サムライ・武士道は尊ばれるが、任侠道は暴力団と間違われ排斥される 1990 年代からの日本。一方、任侠、ヤクザは生活資金稼ぎのため暴力団にはしり堕落する。

　「任侠・ヤクザと暴力団はちがう」と喝破した市民、田川の開業医や税理士など多くの人たちと出会ってきた。「暴力団はダメだ、義理と人情、仁義を張るのが任侠・ヤクザ」と口をそろえる。

　私は 10 代からの親友の遺作『被差別部落の歴史と生活文化──九州部落史研究の先駆者・原口頴雄著作集成』（明石書店、2014 年）を編纂・校訂した。その中で 1960 年代の新聞を読み驚いた。小児まひで登校できない彼の中学

時代の3年間送り迎え、助けた仲間たちの表彰記事である。現今の「自己責任、自助努力、格差拡大肯定」論調とは違う。「身体の不自由な友だちに愛の手、友情、みんなのおかげ」の博愛・連帯の論調である。被差別部落の彼の生家の隣は夫婦ともども全身総刺青。夏にみられるご令室の観音像。それはそれは見事だった。任侠道、ヤクザ、極道は仁義を重んじ、弱きを助け、強きをくじく。暴力団とは違うはずなのだ。

　今の世の中、人々はずたずたに引き裂かれ、バラバラにされている。この21世紀の日本市民社会。

　義理と人情、根性と闘魂を取り戻す、深いヒューマニズムがこの本には在る。これこそ、筑豊・田川にうずまく光・かがやきである。

（西村健『ヤマの疾風（かぜ）』文庫本の解説原稿、徳間書店、2015年）

【注（第2部）】

1　「ほかの人より先に筑豊研究の分野を進み、業績・行動・実践体験を積んで私を導いてくれた人」として、先達を使わしていただいている。私にとって永末十四雄先達との出会いは43年前の1977年「友清事件──筑豊炭田地帯における部落農業の構造と解放運動」『部落解放史・ふくおか』第六号を読んでからであった。当時52歳の氏は秀村選三編『筑豊石炭礦業史年表』の事務局長での刊行や『田川市史』の編纂執筆中であった。福岡部落史研究会発足当初（1974年）頃は活気に満ちており、合宿研修などを通して、鋭い弁舌と分析力のキレに刮目させられた記憶がある。その後、福岡県立大学で私の在職2年目から「地域文化論」（1993年度以降）の講義をしていただく事になっても、その弁舌とキレは変わらなかった。

2　永末十四雄『筑豊万華──炭鉱の社会史』四六判、239頁、三一書房、1996（平成8）年4月。この筑豊三部作の三冊目は遺作であり、当初本名の、永末十四生名で印刷されたが、十四雄に印刷しなおして発行された。

3　秀村選三「『筑豊石炭礦業史年表』の編纂と永末十四雄」九州大学学術情報デポジトリ、75～80頁、2016年

4　永末十四雄「描かれざる部分・語られざる部分」『オロシ底から吹いてくる風は　山本作兵衛追悼録』1985年、葦書房、122頁

5　「地底からの遺言」『社会新報』1973年3月14日

6　佐々木哲哉「永末十四雄さんと山本作兵衛画」（「田川市石炭資料館だより」第8号、平成7・1995年10月）6頁、またこの記述は「山本作兵衛と永末十四雄」（『海路』

10 号、2012 年）109 頁にも書かれている。ただし、『日記』（1961 年）によれば「田川市立図書館司書係長　永末十四雄、37.3.18 毎日」とあり（87 頁）。92 頁には「永末十四雄、田川市図書館 37-11、朝日新聞田川記者倉本和美氏、九日夕方訪問され十日夜女坑夫絵渡ス」とある。

7　作兵衛さんを〈読む〉会編『山本作兵衛——日記・手帳』第 5 巻、福岡県立大学生涯福祉研究センター研究報告叢書、vol.22、2006 年 3 月

8　秀村選三、前掲書、80 頁

9　田中直樹「永末十四雄さんのこと」『西日本文化』483、西日本文化協会、2017年 7 月、54 〜 56 頁

10　上野朱「世界を掘り抜け」『リベラシオン』146 号、（公益社団法人）福岡県人権研究所、2012 年 5 月、36 〜 44 頁

11　作兵衛さんを〈読む〉会編『山本作兵衛——日記・手帳』第 5 巻、同上 80 頁
（追記）未定稿段階で何人かの方に読んでいただいた。この指摘に十分答えきれたとはいえないが、今後の研究課題として、さらに先達の軌跡を追い続けるつもりである。

12　轟良子『海峡の風　北九州を彩った先人たち』北九州市文化芸術財団、122 〜127 頁

13　佐々木哲哉「永末十四生（ママ）と田川郷土研究会」（西日本図書館学会 79 号、2001〔平成 13〕年）8 頁

14　同前、13 頁

15　秀村選三「『筑豊石炭鑛業史年表』の編纂と永末一四雄」九州大学学術情報ディポジトリ『エネルギー史研究』第 31 号、2016 年 3 月

16　田中直樹「忘れえぬ人々　永末十四雄」『西日本文化』2017 年 3 月、54 〜 56 頁

17　ユネスコ HP、2011 年 5 月 25 日

18　世界記憶遺産 HP『世界記憶遺産ハンドブック 2012』シンクタンクせとうち

19　NHKTV「フロンティア　筑豊の山本作兵衛さんが世界記憶遺産に」でのユネスコ事務局長発言、2011 年 7 月 15 日

20　『天皇陛下萬歳』については拙稿「追悼・上野英信さん」（『部落解放史・ふくおか』第 48 号、1987 年 3 月で書き、本書にも掲載）

21　福岡市で、部落解放運動をしていた MF 共闘（麦の会・いわゆる部落出身者と福岡セツルメントの共闘組織）の後退期に起こった現象。それぞれの人による総括がある。

22　加来宣幸『海溝の神人——海軍少佐古野繁實』あきつ出版、1994 年（公益社団法人福岡県人権研究所機関誌『リベラシオン』146 号所収、2012 年 5 月）

上野英信の絶筆（西日本新聞、1988〔昭和 63〕年）

「ヤマ人と喧嘩」

第3部　田川・筑豊活性化への取り組み

　日本の近代化・産業革命を推進した石炭産業が1950年代以降衰退し、筑豊社会の生活崩壊が起った。そして、いまもその後遺症は残っている。石油へのエネルギー転換で、その、「生活困窮やそれを告発するヒューマニズム」がマスコミや表現者によって1960年代以降、「闇の筑豊・マイナスイメージ」で広がってきた。

　しかし、この地に住む人々にとって暮らしの場はエネルギーに満ちたものである。〈生活者としてのしたたかさ〉がここにはある。同時に、ここに住む3割ほどの人々は、筑豊・田川の出身・居住に誇り（ブライド）や普通イメージを持てない現状も事実である。上野英信の書いた鹿児島俚諺「丈夫な奴はいい子ばっかりだから、そうでない人に真実は聞きなさい」は的を得てはいる。しかし、「いい子でない人」・当事者はどのようにすれば郷土筑豊・田川に誇り（ブライド）を持ち、故郷を愛しながら生き抜けるのか？

　第2部で書いたように永末や上野は筑豊の闇を生活拠点にし、その闇を光とし、日本資本主義の進展過程、地底の笑いやたくましさを表現した。

　しかし1960年代末から最近までのジャーナリズムのほとんどや世間の眼（まなざし）は、筑豊は貧困・生活崩壊地帯であった。

　〈この現実を、どう逆転できるのか？!!〉は、私が筑豊・田川に関わる問いであった。筑豊・田川の歴史・自然・文化を古代から全体的に検証し、石炭産業にあっても崩壊期だけでなく繁栄期、そしてその時期に暮らした職員・労働者の生活を科学的・文学的・思想的に表現した先達の姿に深いところで学びながら、雇用・産業の創出を仲間・同僚とともに模索してきた。その中で生まれたキャッチフレーズが〈田川はもっと良くなれるはず〉から発展した〈今でも良い田川をさらに良く〉である。

　それが、世界的・人類の普遍的価値をもつ世界遺産登録運動であった。単なる「明るい炭鉱」や物見遊山の観光ではない。近代産業社会で、疲弊し疎外された人間性を取り戻せる、まさに字句通り、〈光を観る〉〈熱と光〉の場所としての復活・田川活性化である。

　それをエコツーリズム、癒しの場所にしようとしたのが第3部の試みである。もちろん、チームでの活動であり、名前が出てくる人以外にも多くの人々によって担われている。

第Ⅰ章　福岡県立大学からの田川活性化活動

　「県立大学と共に歩む会」は大学が設立された 1992（平成 4）年に「福岡県立大を田川に迎える会」を解消して結成された。新入生の歓送迎会、キャンパスの植樹・管理、留学生支援など多彩な活動を続け、現在は 30 年目をめざして活動している市民組織。「筑豊市民大学」は 2001（平成 13）年発足、現在も 180 人規模で継続している県立大学を拠点に活動する文化・学習団体。「筑豊・田川万華鏡」を構成する活動であり、以下の第 1 節でこれらに関わった文章を掲載する。

　第 2 節では、私が委員会座長や執筆した田川自治体との関わりで、癒学の郷・花と緑のまち田川・41 提言──熱と光を、長期活性化プランなどの要約を述べている。

　第 3 節は、地元田川の活性化をめざして福岡県立大学からの申請である産・官・民・学協働による地方再生事業（経済産業省、2 年間）の成果の一部を紹介している。

第1節　県立大学と共に歩む会と筑豊市民大学の設立

(1) 県立大学と共に歩む会への期待

①「県立大学と共に歩む会の 20 年後」

　キャンパス内に「共に歩む会」の寄贈でできた和風庭園の楓や槇の新緑がいきおいよく芽吹いてきた。20 周年記念植樹の木々が定着し、県立大のシ

ンボル・欅とよく調和し気品ある風景を醸し出している。

　共に歩む会の20年周年達成、それは福岡県立大学設立20周年でもある。ほんとうにおめでたいことである。

　この間の紆余曲折をかかわりの中で知っている者たちにとって、寒風に葉を落し耐え、新緑を芽吹き、夏の暑さをしのぐ欅のしたたかさと、四季の移ろいを彩どり・散りかつ再生する楓のしなやかさ、そして、変わらず見つめ続ける冷静な槇の沈着さを、ものがたりとして想い描くことができる。

　「県立大学を迎える会」から「共に歩む会」は出発し、田川・筑豊の未来を大学の活性化とともに創り出していこうと20年間続いてきた。

　10年目の節目では、県立大学10周年記念行事とともに2日間にわたるイベントを協力して行い、県立大への支援功績により表彰されるという協働関係だった。

　私の眼から見れば、この間の20年はウインウイン、互恵関係ではなく、歩む会の一方的献身であったと思われる。感謝するとともに、今後の20年間はこの恩を県立大学がお返しし、せめてウインウインの関係で繋がっていくことが必要なのではないか。

　今後の20年間、人材を育て継続する人々へと引き継がれていくことによる、今でも良い田川筑豊県立大学のさらなる活性化が実現されていくことを期待し、私も関わり続けたい。

（2013〔平成25〕年6月1日）

②「市民・住民・大学とつながる博物館」

　地域博物館は郷土の歴史や文化を学術的に調査・研究・保存し、市民・住民に展示し、楽しみながら学習できる施設である。

　「田川市石炭・歴史博物館」館長に今年の4月1日から就任した。就任挨拶で各機関やメディアを2カ月間回った。そして、さまざまな期待を聞かせていただくことができた。ところが博物館の名前を「資料館」、「記念館」「石炭博物館」などと言われ、正式名称がなかなか出てこない。

　「地域に根ざしていないのか」と心配になったのも事実である。

　文科省の方針や、日本学術会議の2017（平成29）年の答申でも博物館のさ

らなる地域生涯学習の核、地域振興の拠点が検討されている。

　当館は次の魅力で皆さんに貢献しようとしている。

　1）「日本初世界記憶遺産「作兵衛コレクション」のデジタル化や多言語化、近代資料の日本最先端技術による保存整備資料の展示。2）田川地域は吉野ケ里と同じ規模の古代遺跡があると言われ、その一部を展示。3）春夏の企画展や体験型研修、講座の実施。4）台湾との学術交流協定実績で田川市などが今年平筑鉄道と交流。5）小中高大学校への出前講座など。

　福岡県立大学との共同事業も進める必要があろう。県立大学生は特別安い料金で入館できる措置をとっている。ぜひ、博物館の大いなる活用をお願い申し上げる。

（2018〔平成30〕年8月1日）

（2）筑豊市民大学への招待──闇こそ光／絶望は希望

　「筑豊よ　日本を根底から変革するエネルギーのルツボであれ　火床であれ」とは、晩年記録文学の鬼と化した上野英信の絶筆（1987年）である。

　その上野と川筋気質を賭して対峙し、親鸞の『歎異抄』を内なる支えとしつつ、社会科学的実証で筑豊三部作を完成させた永末十四雄の遺著は『筑豊万華（ばんか）』（1997年）であった。

　近代産業社会の推進力そのものの名称が「筑豊」であり、その石炭エネルギーの闇を告発し、解明し続けた共通点を両雄は持つ。90年代以降、時代は「情報化」「消費化」「少子高齢化」「国際化」をキーワードに激変し続けている。「石炭六法」切れの21世紀を迎えた今、両者に連なる筑豊の文化鉱脈は知る人ぞ知るのみになり、多様化し拡散を続けている。

　しかし、今も多くの住民運動や文化活動渦巻く筑豊は、宝のヤマである。

　たとえば、岩波同時代ライブラリーとして再刊された英信さんの『追われゆく坑夫たち』（1960年）の最後に次の名言がある。「絶望を持たない──そこに絶望があり、希望をもたない──そこに希望がある、と言えば言えるかもしれない。しかしそんな言い方も所詮は虚妄であろう」。魯迅のことばでもある。

　永末さんの『筑豊万華』は万華鏡の華やかさとレクイエム（挽歌・鎮魂歌）

を重ねて筑豊に捧げた炭鉱社会史研究の労作である。

これらに共通するのは、1960〜70年代の閉山の悲惨さと闇だけを増幅させるのではない、「闇こそ光」「絶望は希望」という弁証法である。

日本帝国主義の侵略に虚無を漂わす自国・中国の青年に対して「絶望は虚妄だ、希望がそうであるように！」と知識人であり文学者の魯迅が励ましたように。

2000年、キリスト教でいうミレニアムの年、私は田川市の第4次総合計画や児童育成計画（エンゼルプラン）に関わり、最も筑豊的ともいうべき川崎町『町史』の監修・執筆の最終年だった。

人口増だけを自治体繁栄の指標にすることのおかしさ。近代次元の旧産炭地だけで捉えるのではなく、古代から続く豊かな穀倉地帯としての筑豊。そして彦山、中元寺、嘉麻、遠賀川を通しての水との交流。筑豊女性会議や子育て支援の目を見張る活動、さまざまな市民・住民運動……。そこにはエネルギーがあり、火床がある。筑豊石炭産業における強制連行の記録は決して忘れてならない史実であるが、それは同時に、異質な文化が交流できた多文化共生国際社会の先取りでもあった。

いま手元に「私が変われば周りが変わる」「新世紀　わたしは変わりたい」をキャッチフレーズとする「第一期筑豊市民大学生募集」のチラシがある。私は変わりたい、から始まる筑豊市民大学は〈個の輝き〉から出発する。近代筑豊や旧産炭地や伝統をになう自分だけではなく、〈自由な私・個・集団〉づくりである。文化運動と知・身体が切り結ぶ場を必要としている。

福岡県立大学が筑豊・田川活性化をめざし誕生して10年になる。創立前から「県立大学を迎える会」、創立後は「県立大学と共に歩む会」の活動は持続している。県立大学の主催する公開講座は、市民公開講座実行委員会の支援をいただいている。これらの歩みの中から「自分を見つめ直し変革するため　知を得　仲間を得　お互いの違いを認め　刺激し合える学びの場」を作ろうと20人ほどが市民大学の核となり、県立大学を会場に5月から歩み始める。

市民大学は講座方式（月1回の講義）とテーマ別のゼミ方式（第1期は教育「あそび」、福祉「ボランティア　介護保険」、環境「私の生活見直し論」）の三つか

ら成っている。自然科学者の久永明教授（環境学）と田川自主婦人大学を20年間続けてきた乙成フジ子・田川21女性会議代表とともに、私もアドバイザーとして会議にずっと参加してきた。

　組織ではなく個人から始まり、昨日の自分と違ったおのれを発見できる喜びに溢れた、楽しい準備会であった。〈私から変わる・出会いの喜び〉。そこには組織、地域、職場の制約などや近代の闇を突き抜ける明るさと希望があった。

　〈知・智〉の再生産が研究所や大学だけで行われる時代はもはや過ぎ去った。しかしながら、〈知〉の拠点としての大学や研究所は必要なのだ。それは〈知〉を再生産し、交流する空間だから。福岡県立大学は1998年、実践的研究や地域支援を行う機関として、生涯福祉研究センターを立ち上げた。筑豊市民大学の講座、ゼミの支援窓口はこのセンターを中心に担うことになる。

　筑豊に渦巻く人々の生活や市民・住民運動、そして新たな文化交流運動と大学の〈知〉が切り結びうるか否かが問われている。宝のヤマ・筑豊との出合いにより、個別専門性の実証化、体系化が図られれば、我々がめざす「筑豊学」が成立して行くはずである。

（『毎日新聞』2001年4月20日）

第2節　癒学の郷・花と緑のまち田川・41提言——熱と光の長期活性化プラン

(1) 田川はさらにもっと良くなれるはず

①「花と緑のまち新田川創生プラン」を答申して

　2005（平成17）年11月24日、花と緑のまち新田川創生プラン策定委員会を代表して、柏木副委員長（当時田川商工会議所会頭）と私が市長応接室でA4判17ページの答申書を市長に直接お渡しすることができた。

　「田川市を含む筑豊は自然・文化両面でユネスコ世界遺産登録価値がある」と私は考えている。英彦山の自然と文化、筑豊炭田の近代文化・科学技術、そして彦山川・遠賀川水系の環境・文化保護活動など。これらは近代に誕生

した筑豊地域がポストモダン（消費・情報化社会）がはじまった今、大きな遺産と可能性（ポテンシャリティ）を与えてくれる。「田川はさらに良くなるはず―そのための10事業―」のこの答申はこうした可能性への挑戦であると考えている。

　学識経験者、市会議員、各種団体、行政から構成される23名の委員は、それぞれの思いと志があり、無償ボランティアで会議（全6回）を月1〜2回開催した。その中で現地視察（田川市美術館、田川市石炭・歴史博物館など）は良く知っているはずの施設を改めて見直す体験学習でもあった。

　7月7日の初回から4回目までは「現在推進中の第4次総合計画内事業か、それとも第5次総合計画をつくるのか」「炭鉱を名称として出した活性化か、それとも別の可能性での創生か」「産業物産館など建物を作るのか、それとも市民の意識改革・生涯学習なのか」など、議事が混乱・議論百出した。委員の人生体験を含めての百家争鳴は本音が出され、危機意識と克服の方向が吐露され、議論された。

　そして、第5回委員会では、中期・短期的な10事業を第4次総合計画内事業とし、その中で二つの重点事業を選出した。これまでの意見を集約したものである。

　そこでは、炭鉱遺産を田川市・筑豊の独自なものとしてとらえ、全国・世界に発信するシステムづくりをしようとしている。重点事業の「TAGAWAコールマイン・フェスティバル事業」は分散する各種イベントを誇りうるコールマイン（炭鉱）の文化・科学技術を発信する「まつり」である。また、「四季の丘・花公園（ぼた山法面（のりめん））整備事業」は市民が汗や知恵や浄財を出しながら生涯学習を実践する参画型みどり環境づくりである。

　この2事業以外の8事業にも、市民と産・学・官が協働していくための協議会を組織することとしている。市民や各種団体・行政自身が意識改革し、田川市が活性化していく構想となっている。また、本年（2005〔平成17〕年）11月1日に博物館に昇格し、全国でたった二つの「石炭・歴史」関係博物館を有意義に生かすために、同施設周辺に「潤いあふれる集い場づくり」が必要であるとの附帯事項も答申した。

　田川市は生涯学習まちづくりを宣言し、「やさしさ」「すこやか」「はぐくみ」をキーワードにして少子高齢社会・循環型社会を切り拓こうとしてき

た。しかし、これらの理念が実践され、応用される場（協議会）や活動が提起されにくい状況があった。

　今回の答申は、参加・参画型活動により、市民と産・学・官が協働していく実践活動の提案である、と考えていただきたいと思う。

　15 年ほど前までは神幸祭で実施されていた花火大会を市民の「ワンコイン活動」によって復活させたり、田川ゆかりの著名人を観光大使に任命したりすることを計画し、市民や産・学・官、各種団体がそれぞれ創意工夫をして、重点 2 事業に結びつける必要があった。

　「風は外からは吹かない、中から起こさないと吹かない」とは内発的発展論の名言。自立・協働の実践が提起されているのである。さらに、来年（2006〔平成 18〕年）2 月ごろには、本答申に基づく内容を情報開示のために市民、各種団体、行政によるシンポジウムを開催する必要がある。

　これらの活動・事業が交流人口を増加させ、さらなる産業、科学技術や農業活動の活性化と結びついて「新田川創生プラン」が実現されることを切に期待している。

　最後に、策定委員会において率直な意見を賜り、ご協力いただいた委員の皆様と、答申内容を短期間にまとめた事務局、関係者の方々に御礼を申し上げます。

　　　　　（「花と緑のまち新田川創生プラン策定委員会」答申、2005〔平成 17〕年 12 月）

②「花と緑のまち新田川創生プラン」答申後シンポジウムの記録

　2006（平成 18）年 3 月 4 日（土）福岡県立大学講堂で「花と緑のまち新田川創生プランシンポジウム」が行われた。

　荒田英知 PHP 総合研究所地域政策研究部長兼北海道大学大学院教授が「新田川創生プラン」について丁寧にコメント、いくつかの提言があった。氏は 46 歳、田川郡糸田町生まれであり、県立田川高校卒業生でもある。激変する地域でのまちづくり全国情報と成熟社会での行政力・市民力のあり方を話された。

　その後、県立大学などの学生サークル CDR（筑豊ダンスリボリューション、2001〔平成 13〕年県立大学生中村成也による創設）の、若者風に新たにアレンジさ

れた炭坑節がダンスとともに3曲披露された。そして、田川市長や商工会議所会頭、県立大学生などによるパネルディスカッション・質疑応答がされる。時間が足りない位の意見が出て、400人ほどの参加者で盛会裏に終わった。

このシンポジウムの主催は「新田川創生プラン推進委員会」であり、委員長の私は挨拶の中で次のように述べた。

「田川市を含む筑豊は自然・文化両面でユネスコ世界遺産登録価値がある。英彦山の自然と文化、筑豊炭田の近代文化・科学技術、そして彦山川・遠賀川水系の環境・文化保護活動……これらは近代に誕生した筑豊地域がポストモダン（消費・情報化社会）の今、大きな遺産と可能性（ポテンシャリティ）を与えてくれる」（「田川はさらに良くなれるはず～花と緑のまち新田川創生プランを答申して～」より）。

時代はグローバル社会である。アメリカを中心とする基準（アメリカンスタンダード）にせよ、地球規模で経済や文化が動いていく時代、筑豊に特有な文化や産業は世界にも通用する。それが筑豊炭田の産業・文化遺産であろう。オリジナルなものがグローバルなのだ。

こうした産業・文化遺産を描いた世界でも稀なる記録画家が山本作兵衛なのである。寡聞にも世界中で、こうして近代の主要エネルギー・石炭産業と生活を描いた人物を私は知らない。その意味でも、山本作兵衛は単なる私人ではなく、人類の文化遺産を一代で築いた公人として位置づけられる。

福岡県立大学生涯福祉研究センターで山本作兵衛さんを〈読む〉会が発足して丸4年が過ぎようとしている。5冊目の報告書が、『福岡県立大学生涯福祉研究センター研究叢書』第22巻として、まとめられる。

山本作兵衛（1892〔明治25〕～1984〔昭和59〕年）は、日本最大の石炭生産地域・筑豊で近代という時代を生き抜いた人物。周知のように近世までの筑前国と豊前国の共同体は近代石炭産業の興隆により、解体させられ、筑豊という新たな共同体を生んだ。

山本作兵衛の92歳の生涯はその筑前国（現在の飯塚市）鶴三緒から豊前国（現在の田川市）弓削田までを生産・労働や生活にともない移動した。そして「孫や子孫、100年後の人たちに見てもらうため」絵やノートを残した。

残されている絵を描き始めたのは63歳から（現在の研究では61歳）であり、92歳までの29年間をこれら、「筑豊における近代・炭鉱」を日記やノート

とともに描き続けた。

　私たちが県立大学で毎週、日記を解読していくのは、単なる私人の生活世界を明らかにするのではなく、近代筑豊炭鉱社会を克明に記録しえた稀有なる人物、人類共通の文化遺産継承者として山本作兵衛が位置づけられるからである。

　明治・大正・昭和と近代史の中、石炭産業を通して生活、生産・労働と消費を絵やノート、日記・手帳で記録している。

　もちろん、個人や親戚、周辺の人々のプライバシーには最大限の配慮が必要であり、その手続きは行ってきた。

　その意味では、ローカルな筑豊炭田の労働と生活と描いた絵や日記は普遍性を持ちグローバルな意味を持つ人類の文化遺産なのである。

山本作兵衛さんを〈読む〉会・県立大学奨励研究「筑豊文化発信システムに関する研究」
　代表・森山沾一（『県立大学研究叢書』第 22 巻、2006〔平成 18〕年、「はじめに」より）

③ 田川はもっと良くなれるはず、そのための 41 提言——第 4 次田川市総合計画答申

1）はじめに

　2001（平成 13）年策定の福岡県田川市第 4 次総合計画では、「21 世紀の循環型社会における人口 5 万人規模のゆたかな市づくり」が描かれている。また、現在の市政は「温故創新・五つの改革」によって推進されようとしている。

　田川市では、特に 1988（昭和 63）年の第 2 次、1996（平成 8）年の第 3 次行政改革大綱や職員自身の改革提言が、財政危機意識のもとに出されてきた。しかしながら、それらのうち多くが実施・実現されずに先送りされてきた状況がある。

　地方自治体の活力・住みやすさは人口の多少のみで、はかられるわけではない。その点、田川市は山紫水明の自然環境にあり、近代化の推進力となってきた石炭産業やセメントに関連する産業・文化だけでなく、古代から永々と続く歴史、産業、文化があり、多様な可能性（ポテンシャリティ）を備えている。例えば、佐賀

県吉野ケ里級といわれる古代遺跡、中世・近世からの穀倉地帯としての農業、400 年前に渡来した窯業、セメント産業、食品産業など全国に発信できる歴史や文化産業がある。歴史的・文化的遺産も数多い。地理的にも鉄道が網の目に走り、福岡・北九州の両百万人政令都市との三角点に位置し、空港との関係においても発展可能性を持つ。田川はもっと良くなれるはずである。

　ところが、このような田川市の魅力は発現されていないばかりか「20 万人都市規模の公共施設、10 万人規模の行政機構、そして人口 54,000 人」といわれる状況と「優れた人材がいるにもかかわらず、発揮できない・研修されない人事システムと、行政・市民意識」がある。

　こうした行政・市民意識が、旧産炭地となって以降、形成されてきたことを我々は当事者として率直に自己批判すべきである。そして、この現状への危機意識を行政・市民が共有し、夢と希望の展望へと転換を図るべきである。本来、田川の人々は働き者である。炭坑記録画家山本作兵衛の絵などには、多くの働く人々の姿が登場する。

　地方分権・市町村合併が現実化する局面が来ている時、思い切った発想の転換による行財政構造の抜本的改革をさらに推し進めていくことと、行政・市民による "危機と希望" の共有化が必要不可欠である。田川発展の大きな核である福岡県立大学も 2 学部体制が実現し、地域貢献活動にも進展が見られている。

　こうしたとき、行政上の抜本的改革の視点は以下の内容で要約される。

1）資源や文化や人財を活かす活性化に向けての改革であり、単なる削減、経済効率のみではない公正を理念としたものであること。
2）行政職員、市民の意識改革を図るためにも自己点検・自己評価システム、研修システムを確立し、市民ボランティア、NPO、民間活力と行政の協働関係（パートナーシップ）の導入と情報公開を行う方向性。
3）行政と市民、議会や民間産業が協働関係（パートナーシップ）を保ち、循環型社会の中で、いきいきと希望を語り合い、住みやすいまちづくり実現の方向性。

　こうした理念や方向性のもとに、私たち田川市行政改革推進委員会は5回に及ぶ全体会議を行うとともに、専門的に調査・検討を図るべく、財政再建改革部会、行政機構改革部会、教育・人材育成部会からなる三つの部会を設置し、各々3〜6回にわたり集中的に議論を重ねてきた。

　今回の答申は中間答申と言うべく、来年度以降の実施に向けた短期的なものが中心である。各界・各層市民の皆様からの忌憚なき意見をいただくとともに行政最高責任者としての市長に答申するものである。

2)　行政改革の基本的事項

1)　今後の市行財政運営のあり方と行財政改革の方策

　今後の市財政運営のあり方を論議する時、我々がきちっと認識していなければならないことは、歳入面では基本となる市税収入の見通しはどうか、国と地方を通じた収入の動向はどうなるのかということである。また、歳出面では歳入面の動向把握の中でどのような歳出構造を構築していかなければならないか、という歳入歳出両面の対応策に果敢に取り組んでいくかという行動が重要である。

　そして、なおかつ重要なことは全ての石炭関係諸法が失効した中で、田川市が勝ち抜き、活性化を生み出していくための目標としなければならない基本的な心構え、発想の転換、それは「自立共助の精神」である。

　今までは、旧産炭地田川を取り巻く制度的な支援措置に乗っかり、甘えてきた面があったことは否めない実態である。この依存体質から脱却して「真の自立共助の精神」を確立することであると考える。そしてそこからしか新しい田川は生まれないと、市民一丸で認識した時、夏目漱石『草枕』の言葉を借りれば「そこに詩が生まれて絵ができる」。我々はこの発想に立脚しなければならないと考える。

　まず、市の歳入面では田川地域はわが国全体の経済低迷の状況下の中で地域産業の活性化は困難さがあり、そのため地域経済の進展も大きな期待は持てない現状である。しかもこの状況は一朝一夕、短期日に回復できる見通しは薄い。そのような市域経済の下では、市民の所得は伸び悩み、個人や企業を含め市税収入の伸びは期待できない。

　さらに、地方分権体制を目ざす国、地方の政治体制の変革に伴う地方財政のあるべき姿として「三位一体の改革」に関する地方分権改革推進会議の議論の推移をみても、地方交付税の縮減、国庫補助負担金の削減、税源の委譲渋りなど地方財源確保の見通しは暗く、期待できる状況ではない。

　次に、歳出面で、このような市を取り巻く財源環境の中で歳出執行を行っていくためにはどうするのかの課題がある。また、1992（平成4）年度末に138億円あった基金は2002（平成14）年度末では62億円に減少しており、もはやこの62億円では通常予算の財源として使える額としては心もとなく少ないという認識をもたねばなるまい。

　上記歳入面で述べた財源環境で歳出予算を編成するには、歳出予算の規模を圧縮しなければ収支バランスの取れた予算編成は不可能であることを心に銘記すべきである。我々はそこに至った時「自立共助の精神」に立脚した構想に自らが立ち向かう必然性を認識することができる。

　その構想が市民に納得の得られる公正で効率的かつ論理的な歳出経費削減策としての行財政改革であると考える。

　田川市の行財政改革は市歳出経費全般にわたって各般個々の内容について、経費の内容と行政効果を徹底的に分析検討をして削減項目と削減額を把握する必要がある。

3）改革の具体的方策

　1）民間活力の推進

　　提言1　事務事業の民営化、民間委託化を提言する

　2）受益者負担の公平性の確立

　　提言2　補助金、負担金、報償費の見直し是正を提言する

　　　　　消防組合負担金のあり方について提言する

　　　　　区長、組長、中間連絡員の手当の見直し是正を提言する

　　　　　敬老祝金の支給の見直しを提言する

　　提言3　就労事業見舞金の廃止を提言する

　　提言4　住宅使用料（政策家賃）の見直し是正を提言する

　　提言5　市税等の滞納額処理と徹底完納について提言する

3）組織・機構の見直し、再編

　提言 6　1 課 2 係を原則として、課係を統廃合し名称を含めた抜本的な
　　見直しを提言する

　提言 7　各種委員及び嘱託制度について提言する

　提言 8　滞納整理を担当する収納課の設置（市税等諸税及び各種使用料の
　　一元化）を提言する

　提言 9　職制について提言する

4）定員管理・給与制度

　提言 10　人件費にして 5 億円、人員にして 90 名の削減を提言する

　提言 11　毎年度、人事院勧告どおりに職員給与を是正することを提言
　　する

　提言 12　職員給与基準を国家公務員の基準に是正することを提言する

　提言 13　管理職手当、時間外勤務手当の見直しを提言する

　提言 14　特殊勤務手当の見直しを提言する

　提言 15　現物支給の見直しを提言する

　提言 16　勤務評定の見直しを提言する

5）学校教育・社会教育

　提言 17　教育委員の選任と教育行政の機能強化を提言する

　提言 18　学校統廃合について審議会設置を提言する

　提言 19　学校給食について提言する

　提言 20　社会教育関連事業について提言する

6）職員の意識改革と人材育成

　提言 21　行革推進本部及び検討委員会の構成員について提言する

　提言 22　全職員や市民に行革の趣旨、目的及び具体的内容を周知し、
　　理解と協力を得ることを提言する

　提言 23　清掃事業について提言する

　提言 24　全職員にアンケートをとることを提言する

　提言 25　市民にアンケートをとることを提言する

　提言 26　口座振替未実施の職員の取扱いの是正について提言する

　提言 27　職員研修について提言する

　　提言 28　人材育成について提言する

　　提言 29　特集広報やホームページについて提言する

　7）市民と行政のパートナーシップの推進

　　提言 30　市民参画の実践について提言する

　　提言 31　透明性の高い行財政運営を提言する

　　提言 32　外部評価機関（チェック機関）の設置を提言する

　　提言 33　企業と行政の連携による地域の活性化について提言する

　8）経費の節減合理化等財政の健全化

　　提言 34　市有地の積極的な処分を実施して市財政に貢献させることを
　　　　　　提言する

　　提言 35　大型事業の抑制（単独事業の見直し、国庫補助負担事業の厳選）に
　　　　　　徹底した取り組みを提言する

　　提言 36　田川市立病院について提言する

　　提言 37　諸経費の節約を提言する

　　提言 38　委託料の見直し是正を提言する

　　提言 39　市長など特別職 4 役の報酬の見直し是正を提言する

　　提言 40　市長交際費について提言する

　　提言 41　入札制度改革について提言する

4）おわりに

　本市の将来を展望したとき、社会・経済情勢はきわめて不透明で流動的で
はあるが、今回の答申の内容が具体的な成果として反映されることを期待し
ている。そのことにより、田川市が活力と希望に満ちたまち"田川"に再生
されることを確信している。田川はもっと良くなれるはずなのである。その
ためにも本答申の市民への公開とパブリックコメントを取る必要がある。そ
して、この 41 提言の進捗状況の評価を 2004（平成 16）年度末を目処に行う
ことを提言する。

　今後とも行政改革推進に向けた慎重かつ大胆な審議と実行を継続する必要
性を訴えて、中間答申を終了する。

　　　　　　　　　　（田川市行財政改革審議会中間答申、2003〔平成 15〕年 12 月）

(2) 田川郡福智町まちづくり・活性化への提言──福智町行財政改革推進委員会の座長としてまとめた提言書

① はじめに──健康長寿世界一の皆川ヨ子さんが生まれ育ってくらしている福智町にほこりを！

　福智町は、2006（平成 18）年 3 月 6 日、下田川 3 町の赤池町、金田町、方城町が近隣の市町村に先駆けて合併し、新しい町として誕生した。

　私たち行財政改革推進委員会は 11 月に中間報告をまとめ、諮問された町長に答申するとともに、職員へのアンケート、町民などへのパブリックコメントを実施してきた。ここに本答申をまとめ、町長をはじめとする行政職員、町民、議会の皆様方に答申する。

　福智町について特徴的なことは、旧三町いずれも準要再建団体（会社でいえば倒産）という不名誉な経験を共有していることである。金田町は 7 年間、方城町、赤池町は 10 年間（2000〔平成 12〕年まで）、長いトンネルを抜けて再出発した。その後、バブル崩壊後の景気対策として国が展開した「地方債（自治体の借金）に依存したハコモノづくり」の政策に三町とも深く足を踏み込んだ。そして過去の教訓を活かしきれず、立派な建物づくりを先行させて多額の借金自治体になってしまった。今までも財政基盤が弱かったので「合併こそ地域再建の特効薬である」と、合併特例債など期限付き財政支援で、三町合併への道を選ばざるを得なかったのである。

　町民には、足腰の強い自立した町、質の高い職員集団の組織化、そして、少子高齢化に向け、より行き届いた保健・医療・福祉サービスなどが提供できる町になるとして、多くの期待を抱かせてきた。

　しかし、行財政が健全な新町とは、財政指数を見る限りいえない。この現状に加え、国の「三位一体の改革」による、国庫補助金や地方交付税の厳しい削減などもあり、自治体財政はさらなる厳しさにあっている。

　しかし、私たち行財政改革推進委員会は、新町誕生の時期を町政の役割や、住民・議会の在り方や考え方をも問い直し、住民・職員相互の信頼や連帯を深める絶好の機会としてとらえたいと思われる。新たな自治体像をつくりだす立場である。無駄なお金の使い方をしないで、「住民が安心して豊か

に暮らせる町づくり」「子どもから大人、高齢者が誇りと自信を持てる町づくり」を実現させなければならない。

今年（2007〔平成19〕年）1月30日、健康・長寿世界一になりギネスブックにも登録された皆川ヨ子さん（114歳）は私たちの町で生まれ育ち、農業で5人の子どもを育て、今も住んでいる。このような良い風土があるのである。そうした風土をさらによくするには、第1に行政職員が、「行政＝世話役の原点に回帰する」ことである。いままでの固定観念にとらわれることなく、地方行政の担い手となり、一人ひとりの職員が町のリーダーとして地域を支えていくことが求められる。職員のこのような自助・共助の努力なしには、町民の意識改革も、新しいまちづくりの理念・目標の実現も望めないだろう。

第2に旧三町それぞれの歴史・文化を大切にしながら、地方分権にふさわしい町民のための福智町は、職員同士のみでなく、町民や議会との協働（パートナーシップ）なしには達成できない。

私たち行財政改革推進委員会は、このような観点から改革の着実な推進のため大綱を示し、職員、町民、議会のご理解とご協力を願うものである。

今、地方は冬の時代を迎えている。北海道夕張市は、私たちの町・旧赤池町に続いて財政再建団体の指定に踏み切った。つまり自治体の倒産である。増え続ける借金、減り続ける人口。市民一人当たりの肩にのしかかる借金の重みは加速度を増している。

私たち福智町行財政改革推進委員会は、この半年間、毎週討議の中で厳しさを肌身に感じた。福智町は、合併によってこの財政危機を乗り越えるチャンスができたといえる。しかし、このチャンスを活かさないと財政破綻は目に見えているのも事実である。この時期を活かしてこそ未来が開けるものと確信する。「北の夕張、南の福智」と再びにならないよう町長をリーダーに、職員・町民・議会一丸となって行財政改革に挑まなければならない。

福智町にほこりをもって、さらに良いまちにしていこうではないか。

② 行財政改革の基本的事項

今の福智町は、同規模の自治体と比べて職員数や、公共施設数なども肥大

化している。町人口 2.5 万人に対し、20 万都市並の施設はあり、そのため予算規模も大きく膨らんでおり、行財政改革を避けて通ることはできない。

　国は、合併特例措置を用意して、地方交付税を合併後 10 年間はこれまで通りとし、そのうえ合併特例債を認め、合併関連事業費の 95％を借金で補えるようにし市町村に合併を勧めた。そして国がその借金の 70％を地方交付税で穴埋めする約束である。しかし、合併しても国が約束した 70％国庫負担の特例措置がいつまで守られるかの保証はない。国が負担できなければ、やがてその借金が、町の自己負担となることは目に見えている。

　市町村の数が 3,232 から 1,820 に減った平成の大合併も、地方交付税削減で再度合併をする自治体も増えると思われる。つまり、合併しても財政健全化に向けた合併を再び真剣に考えないと財政の赤字化を招きかねない現実を直視しなければならない。国は今後もますます交付税を削減し続けてくるものと思われる。

　福智町も合併は町行財政の役割を問い直すよい機会であり、無駄なお金を使わないようにするための絶好の機会である。乏しい財源のもとで質の高い行政サービスを提供し続けるには仕事の能率について考え、頭や身体を使って努力する必要があった。町民の知恵を出し合い、汗を出し合い、持続して発展する福智町の行財政をつくるきっかけを与えてくれた、と考えれば良いのである。

　"ピンチこそチャンス" でもあった。

　今回の行財政改革は、次の二つを改革の基本的事項とした。

③ 持続可能な行財政に（財政の健全化）

　地方分権の時代にあって、これから本町のまちづくりは、福智町民が自らの責任で、自ら決定していくことが必要である。そして、その自己責任・自己決定を基本に、厳しい地域経済と財政事情の中でも、末永く自治体として存続できるような行政や財政の仕組みをつくって行かなければならない。

　この目標達成には、市町村合併の効果を活用しつつも全職員、全町民、議会の協力が欠かせない。

④ 町民本位の仕事改善（意識と行動の改革）

　行財政改革推進委員会は、巨額の滞納金問題への対応で行政に対する厳しい改革を求める意見が集中した。また職員に対するアンケートでも意識改革の必要性がにじみ出ている。市町村合併は、未来への可能性を約束しつつも、旧3町職員間の意識や仕事のやり方の違いがあらわれている。また、町民の意識改革もこれからである。私たちが旧3町の意識のままでは、福智町のまちづくりは遅々として進まないだろう。

　改革は、合併を機とした地方分権の時代にふさわしい職場や町づくりである。町民の立場で柔軟に考え、行動しようということである。民間でいう顧客志向（お客様本位）の考え方である。

（田川郡福智町行財政改革推進委員会答申、2007〔平成19〕年3月）

第3節　産・官・民・学協働による地方再生事業の採択・活動

(1) 地方の元気再生事業申請書──2008（平成20）年5月15日（最終決定）

（平成20年度　地方の元気再生事業　提案書）

　内閣官房地域活性化統合事務局

　九州・沖縄県地方連絡室長　殿

　内閣府地域活性化推進担当室長　殿

公立学校法人福岡県立大学
理事長・学長　名和田　新^{あらた}　印

　地方の元気再生事業について、以下のとおり提案いたします。

【提案名】

　世界遺産をめざす旧産炭地・田川再生事業──産・官・民・学が協働する保養滞在型エコツーリズムの実現

【問い合わせ先】

　組織・役職名：公立大学法人福岡県立大学 教員兼務理事（副学長格）

　氏名：森山沾一（もりやませんいち）

　住所：〒825-8585　福岡県田川市伊田4359　福岡県立大学内

① 2008（平成 20）年度地方の元気再生事業　提案書（様式 1-1）

（1）提案名	世界遺産をめざす旧産炭地・田川再生事業―産・官・民・学が協働する保養滞在型エコツーリズムの実現―
（2）提案団体名	公立大学法人福岡県立大学（以下県大と書く）
（3）推薦団体名	福岡県田川市
（4）対象地域	福岡県田川市（将来的には 1 市 6 町 1 村の福岡県田川市郡に拡大する）
（5）目指すべき地方再生の全体構想	本計画は地域密着・福祉系公立大学（人間社会学部・看護学部・大学院 2006 年に法人化、学生 1087 名、教職員 131 名）を主体とし、世界遺産をめざす**産官民学の連携・協働**により、**保養滞在型観光振興、農林業振興**を目標とする複合的行動計画である。同時進行で学生・留学生の地域貢献活動による**キャリア形成と地域活性化**を目標とする。52,030 人（2008.3.31 現在）の旧産炭地・過疎指定市での炭田遺産、自然を世界遺産に向け活用する産官民学協働の構想は、地元に誇りが再生し持続的循環型社会の地方都市モデルとなる。また、**相乗効果・波及効果**としてアジアからの保養滞在型観光客・交流人口（温泉療法や県大等が実施する健康診断を含む）の受け入れは、雇用・交流人口のさらなる拡大となる。シンクタンクであるべき福祉総合系の本大学が主体となって行う、市の一連の施策に沿った**持続的取組**であり、これまでの**地域諸団体との連携実績**を基に構想された。
（6）提案の背景	○地域の課題 市の人口推移、年齢構成は人口最盛期 1958 年の約 2 分の 1、65 歳、75 歳以上のいずれの高齢化率においても極めて高い（高齢化率 26.5%、後期高齢化率 13.5%）。生活保護率は田川市で 49.0‰、田川市郡で 107.0‰と全国一高い（2006 年）。観光客入込客数の推移は日帰りで、1996 年 404 千人、2000 年 370 千人、2005 年 277 千人、2007 年 264 千人、宿泊客で、同年推移 23、22、18 千人と減少。財政指標も極めて悪く、**再生施策なしには財政再生団体への転落は免れない**。この中で、『花と緑のまち新田川創生プラン』（2005 年、田川市、代表森山沽一）、『「癒学の郷」たがわの創生』（2007 年、県大、代表森山沽一）が作成された。

○これまでの関連の取組

内容	実施主体
1. **田川市第 4 次総合計画（座長・保田井進　県大元学長）** 　今の田川市施策の基本計画、第 5 次が準備されている。	田川市（2001 年3 月）
2. **田川市行財政改革推進委員会（座長・森山沽一）答申** 　「田川はもっと良くなれるはず―そのための 41 提言」を提案。マスコミは財政窮乏のマイナス報道のみ（経過と成果）、世界遺産運動の発想（課題）。	田川市（2003 年3 月）

	3.『花と緑のまち新田川創生プラン』（座長・森山沾一）の作成 市の再生を願い、商工会議所「花と緑の炭坑村構想」（提案書）を土台に10のプロジェクトと二つの重点施策を決定。現在も達成度点検活動を継続。今回の炭坑節まつり（正式名称「TAGAWA コールマイン・フェスティバル」）は事業の一部である（経過と成果）。	田川市（2005年12月）
	4. 福岡県支援事業『『癒学の郷』たがわの創生』の作成（プロジェクト代表、森山沾一）田川市郡の長期的な振興戦略にかかわる基本構想。この構想と『花と緑のまち新田川創生プラン』で今回作成（課題）。	県大田川地域長期振興戦略プロジェクト（2007年10月）
	5. 世界遺産田川シンポジウム・世界遺産登録運動（実行委員長 名和田新 県大理事長・学長）英国S.スミス氏、鹿児島・山口関係者招待で開催成功（450名・大学大講堂・成果） 今後、国登録有形文化財に登録された二本煙突、竪坑櫓を含む保養滞在型観光資源の開発や学生の体験型教育・キャリア形成が課題となっている。	田川地区近代化産業遺産を未来に伝える会（2008年2月3日）

(7) 取組の目標	○目標1 →	世界遺産エコツーリズムの可能性の調査　世界遺産の登録を目指している国登録有形文化財の二本煙突・竪坑櫓のみでなく、他の産業・自然遺産の所在と価値を技術・文化・自然・農業の分野で、資源・付加価値を調査し、田川市のエコマップを作成し発信、保養滞在型観光客・交流客増大を図る。 また、田川市の産業遺産ツーリズム資料（動画含む）を作成し発信する。

H19（現状）	H20（目標）
市民・学生への世界遺産・エコツーリズム調査はなされていない。	5000人調査を実施し、世界遺産認知度・可能性・ふるさとへの誇り意識を向上させる（郷土愛・母校愛30%アップ作戦）。

	○目標2 →	ボランティア、地域活動を行っている学生・留学生の地域活性化にむけた組織化を検討・実現する。そのことにより、人間社会学部と看護学部が連携・協働し、福祉総合的なマネジメント力を発揮できる質の高い人財育成を図る。
	○目標3 →	炭坑節まつりの成功と農産物中心ネットショッピング掲載、商品数及び売上額増を図るため、IT関連システムの活用・発信を最新式の形で導入する。また、田川市観光協会を設立し、保養滞在型ツーリズムとしての成功をめざす。

H19（現状）	H20（目標）
第2回炭坑節まつり（1.2万人） 第2回世界遺産シンポ（450人） 田川市石炭・歴史博物館来館者　約2.2万人	観光バス4台（北九州より）を増便し観光客数を倍増 第3回世界遺産国際シンポジウム1,000人規模の集会

	田川市美術館来館者　約 3.9 万人 観光客日帰入客　23 万人 宿泊客　2 万人 田川市観光協会がない	田川市石炭・歴史博物館来館者約 5 万人 田川市美術館来館者約 8 万人 観光客日帰入客 30 万人 宿泊客 3 万人 田川市観光協会設置
(8) 取組 の内容	○地方の元気再生事業で取組む内容のねらい	
	県大のシンクタンク的機能を最大限に発揮できる複合的システムを構築するとともに、モデルとなる産官民学連携・協働の地域再生システムを構築する実施計画策定をねらいとする。 民間団体、炭坑節まつりなどを有機的に連携させ相乗効果をあげる。産官民学協働と学生・留学生がそのシステムに参画するのがアピールポイントである。	
	取組①	**世界遺産やエコツーリズムの可能性、旧産炭地の誇り育成に向けた調査研究**
	実施主体	県大が主体、田川元気再生推進協議会（以下元気協議会と書く）が支援
	該当する目標	1．田川市の産業遺産ツーリズム資料（動画含む）を作成し発信する効果。 2．田川市エコマップを作成し発信、保養滞在型観光客・交流人口増大効果。
	内容	1．世界遺産申請リスト（国登録有形文化財の二本煙突、竪抗櫓）以外の近代化産業遺産（技術、文化的遺産を含む）の所在・価値、付加価値、採炭技術の国内外への（技術移動実態、炭坑絵師・山本作兵衛の業績など）の可能性をバス等での産業遺産・自然・歴史的景観調査を委員会で調査する。また、市民の認知・期待度を知るアンケート調査（5000 人）を実施する。さらに、バスによる市民モニターツアーも実施する。これらを通して、産業遺産マップ（動画を含む）を作成し広報・発信する。 2．自然環境・農産物に関連する観光資源の所在、価値、付加価値の可能性を聞きとりや市民アンケート調査（5000 人）し、リストアップしデータベース化、エコマップを作成し、広報・発信する。
	取組②	**学生・留学生ボランティアの体験学習・人財の把握と地域貢献取組の組織化**
	実施主体	県大が主体、元気協議会が支援
	該当する目標	県大は、時代のニーズに応じて、「福祉総合的なマネジメント力を発揮できる質の高い人財育成」と「地域密着型」大学を教育目標としている。全国から入学する学生（県外 51%）が体験型学習を通して田川で学び・キャリア形成し、その体験学習が地域貢献になることが目標。

	内容	県大は福祉系大学の伝統のもと、自主的ボランティア団体が多く、学生の60％が関わっている。知識やメディア情報中心の学生を低学年から、体験学習教育を行い、学生人財の把握と地域貢献取組の組織化、直接的体験学習にかかわるシステム・組織を設立する。30団体ほどある大学内の個別地域ボランティアを実態把握し、10団体組織する。県大・田川地域連携推進協議会（2006年度結成）や田川地域観光推進会議（2007年度結成）もあり、これらの組織を発展的に活用する。
	取組③	**第3回炭坑節まつり成功と農産物展示・販売、インターネットショップ設立**
	実施主体	TAGAWAコールマイン・フェスティバル実行委員会が主体、元気協議会が支援
	該当する目標	1. 第3回炭坑節まつりの成功と農産物中心ネットショッピング掲載、商品数及び売上額増を図る。 2. 現在準備中の田川市観光協会を設立する。 3. 炭坑節まつりの保養滞在型のツーリズムとしての成功が目標。
	内容	第3回の炭坑節まつりを、保養滞在型観光と市民の誇り再生に向け、戦略的、全国的規模で企画し成功させる。 CMS（コンテンツ管理システム）の導入・たがわ情報センターにサーバーを設置し、問い合わせ機能や・メールマガジン機能を整備する。すなわち、IT関連システムの活用、携帯電話の活用・発信を最新式の形式で導入する。また各種動画を撮影し、編集・配信を行う。それとともに各種お知らせ掲載・インターネットショッピングサイトを開設し、観光ポータルサイトを整備する。
	取組④	**1000人が結集する世界遺産国際シンポジウムの成功**
	実施主体	民間団体、県立大学が主体、元気協議会が支援
	該当する目標	学生・留学生・市民が活力となり、外部有識者等の人財を確保、世界遺産運動の盛り上がりを目指す。
	内容	九州・山口の世界遺産共同申請自治体・NPOの結集で産官民学の協働・1000人規模の国際シンポジウム（英国、国内の講師）を開催する。開催準備や報告書作成、まとめの段階でメディア、ＨＰ、観光大使制度の確立など、地域再生につながるさまざまな創意工夫を行う。
(9) 関連補助事業等	なし	

② 2008（平成20）年度　地方の元気再生事業　提案書（様式1-2）

【平成20年度に実施する取組】

月	平成20年度の取組におけるスケジュール		
8、9月	世界遺産をめざす旧産炭地・田川再生事業の課題整理・関係機関調整 ↓ 県大と田川市企画課、商工会議所、「県大と共に歩む会」「応援する会」「近代化産業遺産を伝える会」「〈読む〉会」などと元気協議会（田川元気再生推進協議会）設立		
10月	**具体的実施項目①** 市民アンケート、地域資源調査 **実施主体：県大、元気協議会** （内容） 市民への世界遺産認知・期待アンケート調査、バス等での産業遺産や自然・歴史的景観調査 全体及び調査部会　9、10月各2回、1、2月各3回 ↓ **具体的実施項目③** 第3回炭坑節まつり実施・成功 **実施主体：TAGAWAコールマイン・フェスティバル実行委員会、元気協議会** （内容） 炭坑節まつり事業実験の実施、事後総括ミニシンポジウム実施 観光ポータルサイト構築	↓ **具体的実施項目②** 学生・留学生ボランティアの組織化 **実施主体：県大、元気協議会** （内容） 体験学習教育・学生人財の把握と地域貢献取組の組織化 学内外会議及び研修会　10、11、12月各2～3回	⇔
11月	期間：8月～10月各会議は随時行う ・CMSの導入・たがわ情報センターにサーバー設置・問い合わせ機能 ・メールマガジン機能		
12月	・動画撮影・編集・配信 ・各種お知らせ掲載・インターネットショッピングサイト開設	↓ 継続・実現	
1月	↓		

民間有識者・内閣府企画官等の招聘（定期的・シンポジウム・研究調査会議などに招聘）

2月	**具体的実施項目④** 世界遺産国際シンポジウムの実施・成功 他地域の事例調査、報告書の作成 実施主体：民間団体、県大、元気協議会 （内容）九州・山口の共同申請自治体・NPO の結集で産官民学の協 働・1000人集会　全体・各会議　12、1、2、3月各2〜3回	継 続 ・ 実 現
3月	●評価（アンケート分析、他地域調査をもとに厳しく評価） ●今後の課題整理、次年度の実施項目、ハード設計につながる事項 の検討 ●報告提案書の作成	

(2) 2年目プロジェクトの成果と今後の発展——田川はさらに良くなれるはず

　内閣府・経済産業省から「地方の元気再生事業」の継続・2年目が10倍近い競争率の中を採択され、展開し、3月31日で終了する。その成果の一つとして、このような報告書ができることを関係者の皆様に感謝とお礼をまず申し上げたい。

　「地方の元気再生事業」は「地域の活性化事業」と言い換えた方が、地域の活性化にこだわり続ける人々にとっては良いと思われる。内閣府自体もそのようになってきている。私たちは、今でも元気な田川をさらに活性化させる！　めざせ世界遺産！　めざせさらなる田川活性化！　と言ってきた。

　日本三大修験道・英彦山の自然と文化、筑豊炭田の近代産業・科学技術、そして彦山川・遠賀川水系の環境・文化保護活動など、十分なポテンシャリティ（潜勢力・可能性）をもつ地域であり、人々の暮らしである。

　〈田川はさらに良くなれるはず〉は、〈今でも良い田川をさらに良くする〉ことである。そのためのキーワードが「世界遺産」と「保養滞在型エコツーリズム」と「産・官・民・学の協働」である。

　「旧産炭地」とか「再生」には、従来の負のイメージがつきまとう。最初の提言書のテーマは「世界遺産をめざす癒学の郷・田川活性化事業〜産・官・民・学が協働する保養滞在型エコツーリズムの実現〜」だった。

　昨年度の成果と反省をもとに、県立大学内の事務局で推進する組織作り、産・官・民・学の連携組織つくりを今年度は行い、事務局長に地元添田町の

堀内洋一前県立大学会計課長になってもらった。学内協力者は学内広報「教員兼務理事室から」で公募した。学外協働関係は大学との連携団体を基本に「田川元気再生推進協議会」（古舘政次会長継続）を田川郡関係者に拡大した。そのメンバーで事業推進のためこの報告書にある三つのチームが結成された。そして世界遺産登録運動については全チームで行うことにした。

　ちなみにチーム長は、昨年同様、第 1 チームが久永明教授（環境科学・医学博士）、第 2 チームが小松啓子教授（食育学・保健学博士）、第 3 チームが鶴我正司田川商工会議所専務理事である。そして、世界遺産登録運動は安蘇龍生田川市石炭・歴史博物館館長が「田川元気再生推進協議会」メンバーとしても継続した。

　相談役は田川市長、田川郡町村長会会長、田川商工会議所会頭、県立大学理事長・学長になっていただき、個人・組織による産・官・民・学が協働する盤石の推進体制ができた。これらの推進体制のもと、実施された 2 年目のエビデンツ（明らかになったこと）・内容が本書である。

　〈田川世界遺産・保養滞在エコツーリズム物語〉は現実的に推進され、田川の活性化は現実として実現されつつある。

　この報告書の各章で詳しく述べられているが、各チームは、次の主な活動をしている。

　第 1 チーム（地域アンケート・資源調査チーム）は、田川市郡の資源調査を分担して行い、2,000 人アンケート、モニターツアー、ポータルサイト情報の更新などを行った。

　第 2 チーム（社会貢献センター支援チーム）は、県立大学生・留学生ボランティア活動の実態調査やヒアリング、ボランティア未経験者の把握、留学生体験学習など経て、社会貢献・ボランティア支援センターを立ち上げ、推進している。今後、全国のモデルになると思われる。

　第 3 チーム（モニターツアー商品化・発信チーム）は、第 4 回コールマインフェスティバル（炭坑節まつり）の成功支援、ポータルサイト（19 項目）の更新・発信、モニターツアー商品化などを行った。

　全体で行う世界遺産登録活動は、昨年 2 月 15 日の田川国際 1,200 人シンポジウムの開催を経て、10 月、構成遺産からははずれたが関連遺産として

は残ったのである。こうした難行を成功しくぐり抜けることができ、大きな成果をあげたことは、今後最低 5 年間は続く世界遺産実現活動への自信となったと思われる。

　九州・山口世界遺産へ熱い情熱を傾けている加藤康子経済評論家、桑波田武志九州・山口産業遺産協議会事務局長にお礼と連帯の表明をしたい。

　福岡県立大学は保健・医療・福祉のすぐれた技量者を育成する教育・研究機関と、田川を核とした福岡県内外への地域貢献機関の両輪をもつ、西日本のユニークな福祉系総合大学であり続ける必要がある。

　このプロジェクトが 2 年間継続したことに加えて〈癒学の郷（ゆがく）・田川物語（さと）〉の実現が叶うよう、持続する志をもって協働・集中する必要もある。

　これらが、次の成果へと確実に芽生え、伝わっていると確信する。

　いちいちお名前をあげないが、この事業に協力していただいている関係の皆々様、諸団体のご支援・ご協力に深く感謝するとともに今後とも宜しくお願い申し上げます。

（田川再生事業プロジェクト代表、福岡県立大学教員兼務理事　森山沽一）

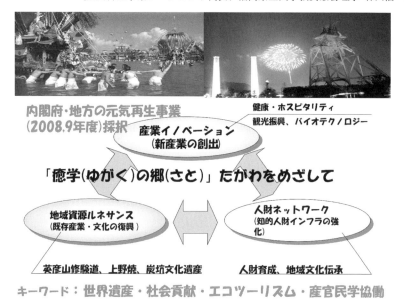

内閣府・地方の元気再生事業の構想図・キーワード

450名が集い満席になった第2回シンポジウム（福岡県立大学講堂）

1200名が集い盛会だった田川国際シンポジウム（2009〔平成21〕年2月）

田川市民センターの国際シンポジウムで紹介された作兵衛記録画

第2章 田川広域観光協会の設立と田川まるごと博物館・DMO申請

　福岡県立大学が主体となって推進した「地方再生事業」は、2年間（満期）継続した。

　それとは別に、田川市・郡の総合政策、田川商工会議所、民間活動団体などの「地域づくり」活動は多くの実績や実践が行われていた。ここでは多くの実践・施策の中から、私たちが実践した活動に焦点を当てて検証していく。

　単なる物見遊山ではない、豊かな人間性を回復する新しい観光をめざした取り組みである。

　第1節では、民間有志による田川活性化協議会、第2節では一般社団法人・田川広域観光協会の結成とその戦略を地域再生事業への申請書から紹介する。1市6町1村の伝統芸能や祭り、そして文化資源がいかに多いか、私たち自身が驚いた経過もあった。

　第3節では「福岡・北九州市、アジアの癒しと学びの郷・奥座敷」をめざしたDMO（地域創生）申請を紹介する。

第1節　田川地域活性化協議会

　2005（平成17）年12月、「田川はもっと良くなれるはず—そのための41提言」を田川市行財政審議会座長として答申した。スクラップアンドビルド（良いところを残し贅肉を削る）提案だった。しかし、新聞などのマスコミは

「財政窮乏」などとマイナス報道のみであった。それらを読み、ますます田
川の良いところを発信し、長期戦略計画が必要だと考えた。丁度その頃、県
広域地域振興課より、田川広域（1市6町1村）の活性化プラン策定の要請が
あった。私自身の田川と大学院生時代からの人脈によるチームをつくり2年
がかりで作成できたのが『「癒学の郷」たがわの創生』（プロジェクト代表　森
山沾一、2008〔平成20〕年）であった。田川市郡の長期的な振興戦略にかかわ
る基本構想である。

　英彦山・福智山・温泉を有する自然豊かな癒しと英彦山修験道や福岡県立
大学での生涯学習を含めた学びの活用による新産業確立による田川の活性化
をめざす戦略であった。

　この戦略を実現しようと田川地域活性化協議会は民間有志と大学関係者、
そして県行政担当者の協力により生まれ、活動した。

　3年間にわたる活動は「県地域づくり賞」を2度受賞し、イベントなどに
よる収益金も百万円以内であったが蓄積し、田川広域観光協会を結成する
礎（いしずえ）となった。この時期の事務局長は情報産業を起業したばかりのクリエイ
ティブジャパンの鬼丸昌広社長であり、推進役の副会長が大田傳元赤村温泉
施設（源じいの森）専務とその仲間たちであった。

第2節　田川広域観光協会と豊富な資源の発掘──総会活動報告書、まるごと博物館の活動

　民間ボランティアだけの活動には限界を感じた田川活性化協議会のメンバ
ーは、同時に進行していた田川商工会議所の「まちづくり活動」とともに歩
むことになり、田川広域観光協会が誕生する。2012（平成24）年6月のこと
であった。8市町村の産業界、行政、福岡県立大学の産・官・民・学が協働
する画期的組織であった。田川地域の農業・農産物加工に加え、新しい産業
として観光資源の発掘・発信・交流人口を増やすための田川広域観光協会は
こうして誕生する。その前年の5月は、日本初の世界記録遺産に山本作兵衛
コレクションが認定された年でもあった。

　運営費は会費に加え、県や各自治体の補助金・委託事業だけでは続かず、

国のプロジェクト資金への応募を続けた。以下は、そうした申請書の一つであり、我々が、自発的・内発的にまちづくりを進めようとしているかがわかってもらえるであろう。

(1) 平成 26 年度補正予算「地域イノベーション協創プログラム事業（地域資源活用ネットワーク形成支援事業）」申請提案書

① 提案事業の名称

旧産炭地・田川まるごと博物館ツーリズム推進事業～福岡市・北九州市・アジアの奥座敷をめざすストーリー～

② 地域の概要

1) 事業を実施する地域

　福岡県田川市、田川郡大任町、香春町、添田町、糸田町、川崎町、福智町、赤村（福岡県田川市郡、1 市 6 町 1 村、全体）

2) 地域経済の現状と課題

（現状）

　田川市郡市町村の中核・田川市の人口推移、年齢構成は人口最盛期 1958（昭和 33）年の約 2 分の 1、65 歳、75 歳以上のいずれの高齢化率においても極めて高い（高齢化率 26.5％、後期高齢化率 13.5％）。生活保護率は田川市で49.0‰、田川市郡で 107.0‰と全国一高い（2006 年）。観光客入込客数の推移は日帰りで、1996（平成 8）年 404 千人、2000 年 370 千人、2005 年 277 千人、2007 年 264 千人、宿泊客で、同年推移 23、22、18 千人と減少。財政指標も極めて悪く、活性化施策なしには財政再建団体への転落は免れない。

　総務省発表の統計資料をもとに、市区町村別の課税対象所得の総額を納税者数で除算した額を平均所得と規定し、田川市の平均所得（年収）、2014（平成 26）年の平均所得は 253 万 8,302 円であり過去 5 年間減少続けている（2010年は 257 万 2 千円）。全国市区町村ランキング 1741 中 1,149 位、県内 68 市町村中 40 位である。田川郡町村は香春町の 264 万 6,563 円（全国 934 位）は

別として福岡県内で 53 位、　大任町 235 万 674 円 54 位、添田町 234 万 184 円 55 位、糸田町 232 万 3,552 円 56 位、福智町 231 万 2,792 円 57 位、赤村 229 万 4,936 円 58 位、川崎町 226 万 7,424 円と下位が続く。例えば田川市の 2013（平成 25）年 5 月 1 日の人口や労働力人口、失業者数など田川市の基礎データは次のようになっているが 2014（平成 26）年段階で人口 5 万人を切った。

人口	50,605 人	昼間人口	55,716 人（110.1%）
15 歳未満人口	6,524 人（12.9%）	15 歳〜 64 歳人口	2,9867 人（59%）
65 歳以上人口	14,163 人（28%）	外国人人口	275 人（0.5%）

　最新データである政府の地方創生本部増田レポートでは、地方消滅自治体に田川 8 市町村のうち中添田町、香春町、赤村が入り、それ以外も全てが危険市町となっている。

　経済、人口の展望はきわめて厳しいものである。

（地域経済の課題）

　このような状況を突破するため、田川 8 市町村は合併を模索し、工場・企業誘致の模索とともに、総合計画を策定してきた。しかし、合併は 3 町の対等合併（福智町誕生）にとどまり、工場・企業誘致の進捗状況は芳しくない。

　けれども、古代大陸からの文化伝来基地、仏教伝来（538）年以前に仏教開基の伝承を持つ日本三大修験道の英彦山の歴史や文化、数多くの自然を有する。

　今後の経済活性化の展望はこれらの資源を活かした新しい観光・ツーリズムと第 6 次産業としての農業しか期待はできず、この活性化以外に展望はない。

3) 観光に関する現状と課題

（観光に関する現状）

　炭鉱・石炭産業隆盛期には、日本で最初の国定公園に日田・耶馬渓・英彦山が大分県と連携して指定され（1952 年）、田川観光協会も活動していた。また田川市の伊田神幸祭は福岡県第 1 号の無形民俗文化財の指定を受けている（1952 年）。

　そして、8年前田川市のまちづくり審議会で「花と緑の旧産炭地活性化プラン」が出され、他町村も観光産業に集約的に取り組むこととなった。炭坑節まつり（コールマイン・フェスティバル）の成功と農産物中心ネットショッピング掲載、商品数及び売上額増を図るため、IT関連システムの活用・発信を最新式の形で導入し（田川ネット）、滞在型ツーリズムとしての成功をめざすため田川広域観光協会は2011（平成23）年に誕生し、添付資料にある活動をしている。

（観光に関する課題）

　8市町村合併はできなかったが、8市町村の広域観光協会は設立され、さまざまな活動を行っている。課題として次の数値目標がある。

（1）現在観光客日帰入客25万人、宿泊客5万人を田川まるごと博物館イベントによりそれぞれ倍増をめざす。

（2）田川市石炭・歴史博物館来館者は山本作兵衛コレクション世界記憶遺産達成で15万人であったが4年後の現在は5万人。再度15万人まで復活させる。

（3）昨年の第9回炭坑節まつり（2.5万人）を観光バス4台（福岡・北九州より）を増便し観光客数を倍増する。

（4）英彦山神社花公園（添田町）、上野焼（福智町）、7つある温泉、石炭・歴史博物館（田川市）の回遊宿泊ツアーを常置化する。

（5）民間観光協会がない町村（大任町、糸田町、福智町、赤村）に2年間をめどに設立する。

4) 地域資源活用に関するこれまでの取り組み

（1）『「癒学の郷」たがわの創生』（2007〔平成19〕、2008〔平成20〕年度、福岡県委嘱事業、代表森山沾一）で観光による長期・短期プロジェクトを6つ策定した。

（2）『世界遺産をめざす旧産炭地・田川再生事業――産・官・民・学が協働する保養滞在型エコツーリズムの実現』（2008〔平成20〕年度、2009〔平成21〕年度、経済産業省　地方の元気再生事業、代表森山沾一）で地域資源マップ（2種類）作成、観光ルート開発も行ってきた。

(3) これらを通し、2011（平成 23）年 5 月には、地域資源・山本作兵衛コレクション 697 点が日本初世界記憶遺産に登録された。また 2011（平成 24）年には田川広域観光協会が設立され、田川市郡全体での本格的活動が開始された。その象徴は昨年から 100 名規模で、5 月「どんたく港祭り」（福岡市 210 万人規模）に参加し、英彦山、温泉、上野焼など宣伝を重ねている。

③ 事業推進責任者（プロジェクト・マネージャー）の本事業に賭ける思い

　事業推進責任者森山は福岡県立大学人間社会学部に 1992（平成 24）年に赴任し「筑豊・田川には宝物が数多くある」と今も確信している。しかし磨かねば原石は宝物にはならない。田川広域観光協会は原石・資源を輝かせる強力推進機関である。

　本事業の実施を通じ、(1) たがわまるごと博物館事業の田川 8 市町村住民への定着（筑豊・田川に誇りを取り戻す）と (2) 福岡市、北九州市、アジアからの観光・交流人口の倍増を実現する。

④ 事業内容

1）活用する地域資源

　＊体験型ストーリーに盛り込む予定の地域資源の名称、画像、概要、歴史、伝説、特徴、強み等は以下の表・写真である。

市町村名	地域資源の名称	画像	概要、歴史、伝説、特徴、強み等
田川市	産業遺産（石炭）の二本煙突、竪鉱やぐら		明治日本の産業革命遺産の関連遺産として近代田川のシンボル。西洋技術と明治日本の技術が合体化した特徴と強みを持つ。

田川市	山本作兵衛コレクション 697 点		ユネスコ認定の日本初世界記憶遺産であり、田川市と福岡県立大学が共同申請した石炭産業の明治、大正、昭和を通じての記録画・日記ノート・生活用品資源。
	松原温泉		人情・健康温泉として知られるラドン系の温泉。三井炭鉱の共同浴場の歴史も持つ新築改装の天然温泉。
糸田町	お田植祭		江戸時代中期に始まる豊作祈願の町指定文化財。現在県無形民俗文化財に申請・審議中。
大任町	道の駅、さくら温泉		田川8市町村に四つある道の駅で最も広く、天然温泉、1億円トイレなどを備えた憩いの場となっている。
川崎町	雪舟庭園		500年の伝統を持つ中国より帰国した雪舟が造った石庭。紅葉、新緑の時期にライトアップし、各種イベントが行われる。
香春町	香春神社・万葉集歌碑		古代朝鮮との関係が深く、朝鮮系秦氏が建立した大陸とのつながりを示す神社。また万葉集にもこの地が歌われているため、歌碑が俳人山頭火の句碑とともに立つ。
添田町	英彦山・しゃくなげ温泉・花公園		日本三大修験道の一つ英彦山は、江戸時代より「英」の字が付き、自然・歴史の宝庫である。この山腹に天然温泉と四季の花公園が作られている。九州大学附属植物研究所もあるほど多様な動植物・薬草が自生している。

| 福智町 | 上野焼(あがの)・方城温泉・白玉温泉 | | 古代の古墳が数多くある田川地域の中で450年前より朝鮮陶工が開窯した小笠原藩ご用窯(ようがま)の伝統をもつ上野焼。北九州から膝・腰痛治療湯治客が近世から来ていたと言われる名湯である。 |
| 赤村 | 源じいの森温泉・源氏ほたる・赤村米 | | Do you know（農）？で知られ、農山村を逆手に宿泊施設「源じいの森温泉」森林・農業リゾートを成功させた赤村の代表的施設。四季折々、特に蛍の季節湯治と年末の赤米餅は北九州市への食産業提供所となっている。 |

2) 体験ストーリー案

　田川地域は英彦山や遠賀川上流彦山川の自然と歴史・文化にはぐくまれた肥沃な穀倉地帯である。明治から100年間、近代化推進の石炭産業が農村の地下を掘り続け、1960年代の石炭から石油へのエネルギー転換とともに衰退・鉱害の一途をたどった。

　これらの歴史、文化資源の一部は4.（1）に紹介したとおり。これらを活用するツーリズム・ストーリーが「田川まるごと博物館」である。事業として「あったがわの旅（福岡市、北九州市、韓国、中国よりツアー客の勧誘）」「各市町村神幸祭を連携させ活性化する取組」「放課後たがわゆったり講座」（福岡市、韓国、中国での展開）「1200人規模の第3回田川民俗芸能祭」等が企画されている。

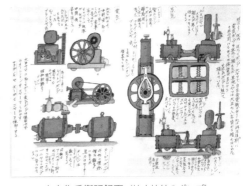

山本作兵衛記録画（坑内坑外のポンプ）

3) 事業の実施内容・方法（略）
4) 事業実施スケジュール（略）

5）事業終了後の事業計画

【2016（平成28）年度】

1. 田川市郡のツーリズム事業の核となる「田川広域観光ターミナル施設構想」を「山本作兵衛世界遺産センター建設構想」と関連させ、広域観光協会主導で官・民連携し、実施検討委員会を立ち上げる。これらの構想はいずれも審議会レベルでは審議・決定している。

2. 田川市郡の歴史・文化・自然ツーリズムのマーケティング調査をもとに北九州市、福岡市の市民に田川広域観光の季節ツアープログラム事業（夏秋冬の3回）と8市町村の田川温泉回遊（7湯）を実施する。

【2017（平成29）年度】

1. 田川広域観光ターミナルと山本作兵衛世界遺産センターの多目的施設の設計図をコンペ方式、市民・住民参加で策定する。田川市郡のツーリズム中核ゾーンは田川市美術館、図書館、石炭・歴史博物館、三井炭鉱関連住宅、既設民間ホテルがあるので、回遊・長期宿泊可能客も誘致する。

2. 田川市5月の神幸祭（福岡県第1回指定無形文化財）、11月の第12回コールマイン・フェスティバル、5月添田町花公園シャクナゲ祭り、6月の糸田町祇園祭、赤村ほたる祭、9月福智町の九州スイーツ、11月川崎町の雪舟庭園彼岸花まつり、12月大任温泉ライトアップで計20万人の観光客増加を実現する。

【2018（平成30）年度】

1. 山本作兵衛世界遺産ツーリズムセンター（合同施設の仮称）を建設する。世界遺産学習コースではこのセンターと田川市中村美術館（民間）・糸田町紫陽花公園と県立大学をトライアングルで結ぶ。そして、8市町村のツーリズム施設、温泉7湯、英彦山を結ぶ田川長期滞在型健康・文化事業を実施する（英彦山・田川に泊って生活習慣病・現代病湯治事業）。

2. 田川市郡で生活する人々の年間所得をこれらの事業を推進することによって現在基準で5％以上向上させることを目標とする。長期宿泊、日帰り観光客で合計60万人とする。

3. 癒しと学びの郷　田川、福岡・北九州市・アジアの奥座敷　田川の郷を

　以上の事業で 2008（平成 30）年度を第 1 期として実現する。

6）波及効果

　3 年後の地域経済効果指数は前に述べたとおりであるが、本事業はその基盤造りであり、市場調査や資源再調査の実施が中心となる。

　それを中心に具体的波及効果として以下のことを目標とする。

（1）宿泊者数、日帰り観光客数の自宅、乗り物活用 167、希望宿泊数、等の調査数字を元にその倍増を今年度はめざす。

（2）雇用者数は観光関係職業従事者を 8 市町村で 20 名確保（兼業を含む）する。

（3）観光商品、田川ブランドは田川市が認定ブランド実施して 3 年目であるが、これを 8 市町村に拡大して第 1 回田川広域観光ブランド認定事業を行う。

⑤ 実施体制

1）実施体制の全体像

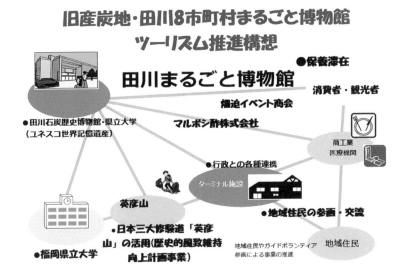

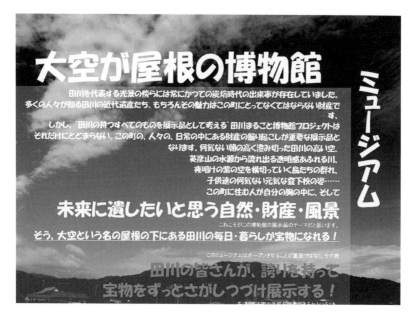

2）事業の管理体制（申請法人）

　専務理事1名が直接管理・運営し、月1回行われている理事長・副理事長会議で進捗状況を検討する。8市町村の商工会議所（8理事）の会議を月1回行い、進捗状況を検討、点検する。理事会・総会で、厳密に報告・監査する。

『炭都田川の観光冊子』（1950年代）も発掘された

第3節　福岡・北九州・アジアの奥座敷——DMO 申請など

(1)『地域資源を活用した観光地魅力創造事業』 申請書

① 事業に取り組む地域の構想

地域づくりの テーマ・コン セプト	『英彦山・旧産炭地・田川（たがわ）広域魅力創造事業〜世界遺産、修験の道、体験農林業でのあったがわ（保養滞在型ツーリズム）地域の実現〜』
テーマ・コン セプトの説明	筑豊・田川地域から「近代日本の産業革命」を推進した炭鉱が消滅して42年を数える。しかし、中核・田川市の人口推移、年齢構成は人口最盛期の約2分の1、生活保護率は田川市で49.0‰、田川市郡で107.0‰と全国一高い (2006 年)。田川市の 2014 年の平均所得は 253 万 8 千円であり過去 5 年間減少続けている (2010 年は 257 万 2 千円)。全国ランキング 1741 中 1149 位、県内 68 市町村中 40 位である。7 町村はさらに低い。田川市人口は平成 26 年段階で 5 万人を切った。 最新データである地方創生本部増田寛也レポートでは、地方消滅自治体に添田町、香春町、赤村が入り、それ以外の 5 市町全てが危険市町村となっている。田川地域の経済、人口の展望はきわめて厳しい。だが、古代大陸からの仏教伝来（538）年前に仏教開基伝承を持つ日本三大修験道・英彦山の歴史や文化圏資源があり、数多くの自然資源を有する。 加えて、奈良大仏使用の採銅所、近代石炭産業技術に関わる、ものづくりの資源が数多くあり、日本初世界記憶遺産・山本作兵衛コレクション（697 点　2011 年 5 月ユネスコ登録）はその象徴である。 今後の地域活性化はこれらの資源を活かした新しい観光と第 6 次産業としての農業しか期待は出来ない。この魅力創造による雇用促進、ツーリズム活性化以外に展望はない。これがテーマであり、基本コンセプトとする。具体的には、「英彦山の歴史・文化と自然、ものづくりとしての産業遺産（山本作兵衛コレクションを含む）ツーリズムのターミナルネットワーク形成と田川伊田駅周辺での世界記憶遺産ゾーンの形成」である。これらにより、福岡市、北九州市、アジアからの観光・交流・滞在・人口を増やし（福北・アジアの奥座敷）観光地魅力を創造、田川の創生を行う。

② 地域の状況について

①事業実施地域
福岡県田川市郡　一市六町一村（田川市、田川郡大任町、香春町、添田町、糸田町、川崎町、福智町、赤村）田川市郡は英彦山文化・豊前国共同体があり、その象徴が各大字 (手永) で行われる神幸祭 (伊田神幸祭が県文化財) と三井や地場等の旧産炭地資源である。

---

②連携する地域資源及びその活用方法

【産業遺産（石炭・セメント等）の二本煙突、竪坑やぐら】（田川市）西洋技術と明治日本の技術が合体化した特徴と強みを持つので、世界遺産センターで活用。

【山本作兵衛コレクション 697 点】（田川市）ユネスコ認定の日本初世界記憶遺産であり、世界記憶遺産センター設置に向け、展示・体験モデルで活用。

【松原温泉】（田川市）三井炭鉱共同浴場の歴史も持つ新築の天然温泉を世界遺産ゾーンで日帰り、宿泊施設として活用。

【道の駅・さくら温泉】（大任町）1 億円トイレなどを備えた憩いの場をターミナル中継地として活用。

【香春神社・万葉集歌碑】（香春町）古代、朝鮮系秦氏が建立した神社や万葉集歌碑をモデルコースで活用。

【英彦山・しゃくなげ温泉・花公園】（添田町）九州大学附属植物研究所もある。保養滞在・体験農林業に活用。

【お田植祭】（糸田町）江戸時代中期に始まる豊作祈願の町指定文化財（県無形民俗文化財に申請・審議中）を体験農業として活用。

【雪舟庭園】（川崎町）400 年の伝統を持つ庭園なので紅葉、新緑にライトアップして活用。

【上野焼・方城温泉・白玉温泉】（福智町）小笠原藩ご用窯の上野（あがの）焼、膝・腰痛治療湯治客が近世から来ていた名湯をターミナル中継地として活用。

【源じいの森温泉・源氏ほたる・赤村米】（赤村）Do you know(農)？で知られるので、森林・農業リゾートで活用。

---

③連携による新たな取り組みの内容

田川広域観光協会は、各市町村観光協会（田川市、香春町、川崎町、添田町）や商工観光課とも連携している。未設置町村に観光協会を設立し、4 か所ある道の駅、7 つの温泉・英彦山文化圏を新たにネットワークするターミナル機能を形成する。また、伊田駅周辺を再開発し石炭・歴史世界記憶遺産センターゾーンとして集客・交流・滞在人口を増やす取り組みが中心内容。

---

④取り組みの計画・成果把握の方法・目標設定

【計画（継続性）】

『「癒学（ゆがく）の郷」たがわの創生』（2007、2008 年度県委託事業）』『世界遺産をめざす旧産炭地・田川再生事業―産・官・民・学が協働する保養滞在型エコツーリズムの実現―』(平成 20 年度、21 年度経済産業省) の継続で実施してきたツーリズム効果の点検を行い、抜本的に目標設定する。

そのためには有識者会議を開催し、韓国、中国、英国にも調査を行い、顧客情報や先進地の工夫を把握する。県の委託「まるごと博物館」事業（平成 27 年度 4 年間で終了）に加えて観光客数、来訪者数を数値目標を立て増加させる。

昨年から 100 名規模で、5 月「どんたく港祭り」（福岡市 210 万人・観光客）に連続参加している。

【成果把握の方法】

マーケティング調査を福岡県立大学教員チームや田川情報センターの指定管理者・㈱クリエイティブジャパンに委託し、科学的実証提案を受け、次年度事業に活かす。

【目標設定】

（平成 28 年度）

① 現在観光客 25 万人、宿泊客 5 万人をターミナル機能の充実と田川市石炭・歴史博物館を世界記憶遺産センターに改称することによりそれぞれ 40 万人、10 万人と増加をめざす。

② 田川市石炭・歴史博物館来館者は山本作兵衛コレクション世界記憶遺産達成年は 15 万人であったが四年後の現在は 5 万人。再度 15 万人までの復活をめざす。

③ 昨年の第 9 回炭坑節まつり (2.5 万人) をターミナル整備により観光バス 4 台（福岡・北九州より）の増便、観光客数を 5 万人にする。

④ 4 つある道の駅、七温泉、各種製造業工場 (産業) 観光ネットワーク、英彦山神社花公園（添田町）、上野焼（福智町）の回遊日帰り・宿泊ツアーのターミナル機能を調査する。

⑤ 間観光協会がない町村（大任町、糸田町、福智町、赤村）で 2 年間を目標に設立する。

（平成 29 年度）

1．田川市郡のツーリズム事業の核となる「田川広域観光ターミナル施設構想」を「山本作兵衛世界遺産センター建設構想」と関連させ、田川広域観光協会主導で官・民連携し、実施検討委員会を立ち上げる。

2．田川市郡の歴史・文化・自然ツーリズムのマーケティング調査をもとに北九州市、福岡市の市民に田川広域観光の季節ツアープログラム事業 (夏秋冬の 3 回) と 8 市町村の田川温泉回遊 (七湯) を実施する。

（平成 30 年度）

1．田川広域観光ターミナルと山本作兵衛世界遺産センターの多目的施設の設計図をコンペ方式、市民・住民参加で策定する。田川市郡のツーリズムネットワーク中核ゾーンであるターミナル予定地は J R 田川伊田駅、田川市美術館、図書館、田川市石炭・歴史博物館、三井炭鉱関連住宅、既設民間ホテルがあり、回遊・保養滞在宿泊可能客も誘致する。

2．田川市の 5 月の神幸祭（福岡県第 1 回指定無形文化財）、11 月の第 12 回コールマインフェスティバル、5 月添田町花公園シャクナゲ祭り、6 月の糸田町祇園祭、赤村ほたる祭、9 月福智町の九州スイーツ、11 月川崎町の雪舟庭園彼岸花まつり、12 月大任温泉ライトアップで年間 80 万人の観光客増加を実現する。

　（1）宿泊者数、日帰り観光客数の自宅、乗り物利用、希望宿泊数、等の調査数字を元に年間 80 万人をめざす。

　（2）雇用者数は観光関係職業従事者を 8 市町村で 20 名確保（兼業を含めう）する。

　（3）観光商品、田川ブランドを 8 市町村に拡大して第 1 回田川広域観光ブランド認定事業を行う。

⑥その他自由記述（不要な場合は空欄で構わない）

田川広域観光協会「筑豊・田川には宝物が数多くある」と確信している。田川広域観光協会は資源を輝かせる強力推進機関である。ターミナル機能と世界遺産センター機能充実の推進は 8 市郡首長との連携で実現する。佐渡理事長のもと、その役割を十分果たせる実績と行動力がある。

③ 個別事業について（今年度実施する事業）（単位：千円）

NO	個別事業名	事業概要(簡潔に記載)	実施主体	事業費
1	英彦山文化圏ターミナル推進事業	ＪＲ田川伊田駅から高校跡地（空地）を中心にターミナル機能創設に向けた事業計画策定・マーケティングを行う	田川広域観光協会（添田町、添田観光協会と連携）	10,000
2	世界記憶遺産センター設置準備事業	田川石炭記念公園、田川市石炭・歴史博物館、田川市美術館（全て市立）を繋ぐ世界遺産サンターゾーンの受入環境整備・ＩＣＴの活用	田川広域観光協会（田川商工会議所と連携）	10,000
3	福岡・北九州・アジア観光客受入環境整備事業	福岡・北九州両市、韓国、中国の観光需要調査、マーケティングの為の受入環境整備、韓国、中国、産炭地、世界遺産活用先進地の英国への出張調査	田川広域観光協会（都市圏部会と連携）	4,000
4	JR 田川伊田駅、福岡県立大学周辺第二次交通充実事業	ＪＲ田川伊田駅と北九州、福岡空港、博多港の第二次交通アクセスの整備に向けた調査事業、平成 27 年度開通の福岡市天神・福岡県立大直通バスルートの効果検証	田川広域観光協会（田川市と連携）	4,000
5	体験農業と医療ツーリズム策定事業	英彦山に泊まって生活習慣病を治す（仮称）プロジェクト、交通・宿泊費・クーポン補助事業の実施	田川広域観光協会（川崎町、赤村と連携）	5,000
6	ものづくり産業観光推進事業	田川法人会、進出企業協議会傘下企業による産業観光の企画、モニタリング	田川広域観光協会（中村産業㈱、マルボシ酢㈱、川崎食品㈱、松尾製菓㈱と連携）	5,000
7	田川まるごと博物館推進事業	4 年目実施中の事業の再検討と新企画策定を行う	田川広域観光協会（各市町村と連携）	2,000
			合　　　計	40,000

④ 他府省庁等の事業

　上記「Ⅱ．地域の状況について②」欄において記載した連携する地域資源が他府省の支援を受けている場合に記載すること。

府省庁名	所管部署	事業名	事業概要（簡潔に記載）
国土交通省 農林水産省 文部科学省	国土交通省	添田町歴史的風致維持向上計画事業（推進協議会　座長　森山沾一）	平成26年度〜平成35年度（10年間） 「地域における歴史的風致の維持及び向上に関する法律」に基づき、平成27年度認定を受けた。
経済産業省	経済産業政策局	地域資源活用ネットワーク形成支援事業（申請中）（代表　佐渡文夫）	平成27年度補正予算 複数の地域資源を紡ぐストーリー作りを支援し、交流人口の増大による地域経済の活性化に寄与する。
福岡県	広域地域振興課	田川まるごと博物館（館長　森山沾一）	平成24年度〜27年度（4年間） 28年度も内定 田川全体を仮想の博物館に見立て、豊かな自然や歴史、文化を一体的にPRしていくプロジェクトの委託事業。

広域地域連携型（8市町村）DMO（地域づくり法人）登録証

第3章　DMO事業採択による田川活性化（5年間）と第10回アジア都市景観賞受賞

　　DMO（Destination Management/Marketing Organization）とは観光地域づくり法人のことである。地域の「稼ぐ力」を引き出すとともに、地元への誇りと愛着を醸成する新しい視点に立った観光地づくりの調整機能をもった法人。（社）田川広域観光協会は、この政策が始まる前2012（平成24）年発足以来めざしてきた。第1節から第3節までは、DMO候補法人からDMO法人認定（2012〔令和2〕年）までの紹介と検証である。

第1節　DMO事業採択による田川活性化の実績——国土交通省九州初の候補法人認定

今でも良い田川をさらに良く！
ツーリズムと第六次産業で2015（平成27）年の突破を!!

田川まるごと博物館
TAGAWA marugoto MUSEUM

2014（平成26）年12月8日
田川法人会　話題提供
福岡県立大学顧問・田川まるごと博物館長　森山　沾一

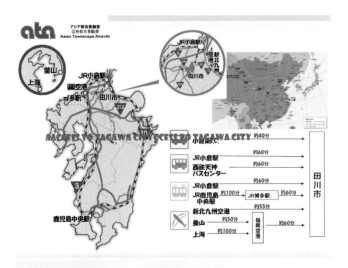

田川地域に存在する宝物（第6次産業）

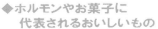

◆道の駅、直売所が集積
4つの道の駅、農産物直売所

◆盛んな農業、特色ある産業
トルコギキョウ、小松菜、パプリカ、梨、ぶどう、セメント産業

◆ホルモンやお菓子に
　代表されるおいしいもの
ホルモン鍋、黒ダイヤ・白ダイヤ、シュークリーム

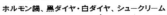

◆複数の鉄道機関が運行
JR線、平成筑豊鉄道

◆福岡県立大学　学習環境

田川地域に存在する宝物（ツーリズム）

◆豊かな自然・花

英彦山、香春岳、福智山、
上野峡、英彦山川、中元寺川
桜、梅、藤、彼岸花、しゃくなげ

◆石炭産業が残した豊富な遺産

世界記憶遺産、近代化遺産、石炭・歴史博物館

◆文化史跡・伝統行事が豊か

神幸祭、田植祭、盆踊り、神楽　第2回民俗
芸能祭開催(3月21日)

◆窯元が多く存在

上野焼、香春焼、鑑月焼、城乃越焼

◆温泉や宿泊施設など集客施設が多い

源じいの森温泉、ほうじょう温泉、柿下温泉、彦山温泉
松原温泉

第2節　第10回アジア都市景観賞はなぜ受賞できたか――申請書と受賞理由

(1) 申請書のプレゼンテーション資料

2018（平成30）年アジア都市景観賞応募申請書

Asian Townscape Awards Registration Form

NO:

事業名 Project Name	歴史、文化を活かす田川エコツーリズム・地域活性化プロジェクト～癒学の郷・田川景観づくりの軌跡・成果と展望～
都市名・国名 City・Country	福岡県田川市郡（1市6町1村：田川市　添田町　大任町　川崎町　香春町　糸田町　福智町　赤村）・日本
ホームページ Website	http://www.tagawa-net.jp/
事業主体 Planning board or designer's name	一般社団法人田川広域観光協会（理事長・佐渡文夫前商工会議所会頭） 田川市（8市町村を統括）

事業概要 Reason for nomination or application	○**事業背景・目的 Background and aim** 一時はアジア最大の石炭産出量を誇った筑豊炭田の中心地、山紫水明の田川地域は1971年旧産炭地となり疲弊していた。この地域を「癒学(ゆがく)の郷(さと)田川の創生」(2016年より2年間)、「世界遺産をめざす旧産炭地・田川再生〜産・官・民・学が協働する保養滞在型エコツーリズムの実現〜」(2008年度より2年間)のプロジェクトでエコツーリズムによる活性化を目指してきた。その蓄積のもと2011年度より6年間「田川まるごと博物館プロジェクト」を継続させ、2012年度より産官民学連携による(社)田川広域観光協会がスタートした背景と経過がある。目的は田川地域の古代から続く歴史、文化や自然資源を活かし、〈癒しと学び〉で人々が自己回復できる、観光交流できるまち・景観づくりである。 ○**事業概要 Outline** (社)田川広域観光協会は一昨年度から5年間「DMOによる地方創生」の交付金を受注し、自主事業、まるごと博物館事業を行っている。2020年度までに「地域が自然、歴史、文化を活かし稼ぐ力、潤いと幸せをもたらす地域」、持続する地域づくりを目指している。 ・場所 Location：田川市郡(1市6町1村：田川市、添田、大任、川崎、香春、糸田、福智町　赤村) ・期間 Period：2006年度〜2020年度 ・内容 Contents 旧産炭地となり疲弊した田川地域をエコツーリズムのキーワードで「自己回復できる新しい観光・交流」のコンセプトが一連のプロジェクトである。自然、歴史、文化資源を活かし、地域住民自身が自信と誇りを持ち、「福北アジア(福岡市・北九州市・アジア)の奥座敷」の観光・交流人口(インバウンドを含む)の増大をめざす事業。マーケティング、情報発信システムの成果による景観の創出、シンポジウム、人材育成事業による地域づくりなどが内容。昨年12月、「筑豊・香春コース」が韓国オルレコースに認定される成果も上がった。 ○**事業の社会的意義　Social meaning** 炭坑節で唄われる田川地域のシンボル香春岳は山の半分がセメント発掘により切り取られている。これに象徴される自然・地域破壊を豊かな自然、日本三大修験道の英彦山などとの生態環境と調和させ、持続する快適な地域にしようとすることに意義がある。また、近代化を推進した炭鉱産業終焉により疲弊した地域再生都市のモデルとなり、古代から続くアジア大陸との交流地域づくりのモデルとなるであろう。

担当者 Nomination or Applicant information	氏名 Full Name	申請者：森山沾一（もりやませんいち） 代表者：佐渡文夫（さどふみお）　理事長 （申請者部署 Section：田川広域観光協会副理事長・アドバイザー）
	住所 Post Address	田川市伊田　伊田駅前　三愛ビル （社）田川広域観光協会 (理事長　佐渡文夫)
	応募申請日 Date	2018 年 5 月 9 日

炭坑の歴史を伝える「平成筑豊鉄道」

　2018年5月、同じ石炭運搬の歴史をもつ平成筑豊鉄道と台湾鉄路・平渓線が姉妹鉄道の協定を締結。現在、相互に観光客を誘致するため"乗車券交流"を実施中。

　※平渓線沿線（台湾新北市）は、ランタンで有名な観光地、炭坑遺跡が多く存在している。廃止になった路線を観光路線として見事に復活させ、現在多くの観光客が訪れている。

　石炭・歴史博物館と友好館の新平渓煤礦博物園区も平渓線十分駅の近くにある。

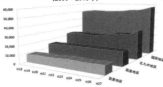

アジア都市景観賞
北九州市景観賞
Asian Townscape Awards

（最近10年間の地区別入込客数の推計）　　　　　　　　　　　　　　　（千人）

	2006年	2007年	2008年	2009年	2010年	2011年	2012年	2013年	2014年	2015年
福岡地区	49,663	50,593	50,381	50,168	50,900	51,678	53,166	53,585	55,261	58,293
筑後地区	15,149	15,044	15,711	15,718	15,713	16,169	16,059	15,960	15,892	16,356
筑豊地区	9,041	9,566	9,593	9,323	9,875	10,568	10,105	9,782	10,071	10,178
北九州地区	23,167	24,041	24,221	23,806	23,638	24,621	27,407	27,903	28,600	33,243
合　計	97,020	99,244	99,906	99,015	100,126	103,036	106,737	107,230	109,824	118,070

Statistics about guestsuests
地区別入込客数の推移（II）（2006～2015年）

筑豊地区、そして田川への
入込人口が増えつつある

2019 年アジア都市景観賞 審査結果のお知らせ（左）と認定証（右）

(2) 第10回　2019年アジア都市景観賞（Asian Townscape Awards）を受賞しての挨拶──自然・歴史・文化を活かす田川エコツーリズム・旧産炭地活性化プロジェクト受賞の挨拶

　山紫水明の日本九州福岡県の筑豊・田川地域は 19 世紀後半から日本の近代化を推進したアジア最大級の石炭産出量を誇った。しかし、1976（昭和51）年にすべての炭鉱が閉鎖され、旧産炭地となり疲弊していた。この地域を「癒学の郷　田川の創生」（2006〔平成 18〕年より 2 年間）、「世界遺産をめざす旧産炭地・田川再生事業〜産・官・民・学が協働する保養滞在型エコツーリズムの実現〜」（2008〔平成 20〕年度より 2 年間）のプロジェクトでエコツーリズムによる活性化をめざしてきた。

　その蓄積のもと 2011（平成 22）年度より今日まで「田川まるごと博物館プロジェクト」を継続させ、2012 年度より産官民学連携による（社）田川広域観光協会がスタートした。目的は田川市・田川地域の古代古墳群から続く歴史・文化や豊富な自然資源を活かすことである。そして、〈癒しと学び〉で

人々が人間回復でき、海外の人々と観光交流できるまち・景観づくりである。

　（社）田川広域観光協会は 2016（平成 28）年度から 5 年間、政府・国交省から「DMO（観光地域づくり法人）による地方創生」の交付金を受け、自主事業やまるごと博物館事業を行っている。その概要は「地域の自然・歴史・文化資源を活かし稼ぐ力、潤いと幸せをもたらし、持続する地域づくり」である。

　その内容（Contents）は旧産炭地の疲弊した田川地域を「人間として回復される新しい観光・交流エコツーリズムにより活性化させる」一連のプロジェクトがある。自然・歴史・文化資源を活かし、住民自身が自信と誇りを持ち、「福北アジア（福岡市・北九州市・アジア）の奥座敷」の観光・交流人口（インバウンド・海外観光客の受け入れを含む）の増大をめざす事業。マーケティング、情報発信の成果による活性化をつくり出し、シンポジウム、人財育成事業による地域づくりなどを行ってきた。

　2011（平成 23）年には山本作兵衛コレクションが日本初のユネスコ世界記憶遺産に登録された。2017（平成 29）年は「筑豊・香春コース」が韓国オルレの認定コースとなり、翌年は石炭記念公園（田川市石炭・歴史博物館、二本大煙突や竪坑櫓などが立地）一帯が国指定史跡に認定される成果も上がった。

　今回、受賞の栄誉に預かったことを選考委員や役員、そしてここに参加されている皆さまに心よりお礼申し上げたい。

　炭坑節発祥の地・田川のシンボル香春岳（かわらだけ）は山の半分がセメント発掘により切り取られている。これに象徴される自然・地域破壊が日本やアジアでは続いている。こうした環境破壊・地球温暖化を克服し、持続する地球地域社会（SDGs）をめざす必要がある。

　田川地域では、日本三大修験道の英彦山、近代産業遺産などと自然景観を調和させ、持続する快適な地域にしようとする大きなバネにこの賞はなるであろう。それだけでなく、日本の近代化を推進した炭鉱産業終焉により疲弊した地域再生都市のモデルとなり、アジア大陸との交流地域づくりのモデルとなるであろう。雇用が生まれれば、地域への愛着と誇りが生まれる。

　以上で、日本福岡県田川地域からの受賞挨拶を終わります。ありがとうございました。

（香港プレ授賞式での挨拶原稿、2019〔令和元〕年 9 月）

第3節　田川活性化への希望──今でも良い田川をさらに良く

(1) 一般社団法人田川広域観光協会による地域活性化事業の自己評価
(2016 (平成28) 年5月)

① 田川地域1市6町1村の大自然と古代からの歴史・文化に醸し出され、近代産業遺産の活用によるエコツーリズムを実現しつつあること

② 4つの道の駅、4つの産直販売所がきれいなトイレ（代表は1億円トイレ）や大駐車場、広い道路で安全・安心が確保されている。さらに、第1期、第2期に続く日本版DMO候補広域プロジェクトとなりエコツーリズムの持続性が保証されている。

③ 日本最古の土鈴や英彦山面（添田町）、上野焼（福智町）などの伝統工芸、各市町村に伝わる伝統芸能を発掘し、文化・歴史を産・官・学・民で実現してきている。

④ 全国的にも貴重な石炭・歴史博物館のリニューアル、産業遺産を保護する屋根付き屋外展示施設の整備、8市町村4つの「道の駅」に整備・展示された焼物や陶板の高い芸術性がある。

⑤ 地域自治体連携（8市町村）の先駆的タイプでDMOの指定を九州初認定や地方創生交付金を受けることができた。「癒学の郷」とは大自然、古代からの日本三大修験道・英彦山、福祉系総合大学による人間回復と生涯学習・健康回復ができる山里である。旧産炭地の再生や資源都市の克服をめぐって、アジア近隣諸国都市と課題を共有し、疲弊した地域の再生・活性化のモデルとなりうる。

(2) (社) 田川広域観光協会・DMOによる田川活性化事業等による成果と課題

（社）田川広域観光協会が設立され、10年が来ようとしている。それ以前

の前史、そして今年度まで 5 年間の「DMO による田川活性化事業」の成果と課題、「今でも良い田川をさらに良く」するための活性化戦略を考える必要がある。成果として、以下の事柄があげられよう。直近 5 年間に達成した成果を項目であげてみる。

① 8 市町村連携による新しい観光・エコツーリズム・DMO 推進の仕組み・基盤ができた。

1）DMO 候補法人認定（2016〔平成 28〕年）を経て、2020（令和 2）年度 DMO 法人に認定された。

2）8 市町村推進協議会、会長会議、理事長・副理事長会議がコロナ禍でも定例化できている。

3）県広域地域振興課や観光庁などとの人脈・信頼関係ができつつある。

②（社）田川広域観光協会が関係した受賞・表彰がなされ、展開へのバネになっている。

1）国土交通省・観光庁の広域地域連携関係では九州初の DMO 候補法人に認定された（2016〔平成 28〕年 5 月）。

2）筑豊地域で初めての筑豊・香春オルレ（韓国済州島にはじまった新しい観光）指定地域に香春町が認定された（2017〔平成 29〕年 12 月）。

3）第 10 回アジア都市景観賞を受賞（田川市・田川広域観光協会）し、香港現地（2019〔令和元〕年 9 月）と九州大学での正式受賞式（2019〔令和元〕年 11 月）に出席（認定証受賞）。

4）石炭記念公園の 2 本煙突から見る月が日本百名月の景観に認定される（2020〔令和 2〕年 3 月）。

5）DMO 候補法人から正式 DMO 法人に認定され認定書受賞（2020〔令和 2〕年 10 月）。

6）佐渡文夫前理事長（現会長）が福岡県より「福岡県観光功労者」として、表彰される（県庁で知事より受賞、2020〔令和 2〕年 11 月）。

③ 人財が育成され、個別の事業や企業が活動し始めている。

1）各市町村観光協会、2）個別企業・事業・団体、3）活躍する個人

これらの領域でボランティア人財の活動が継続しており、40歳代となり事業化する人々が現れている。

④ **新しい観光事業、活動がなされつつある。**

○田川ネットなどによるデジタル情報発信が「田川ネット」（キーワード検索可能）を中心に行われている。

○紙ベースでは「ハッチ」などの定期刊行（3万部）がなされ、県内各地に配布されている。

○古代史ツーリズムによる集客・講演の蓄積がある。2020（令和2）年11月には8市町村をつないで「卑弥呼連邦宣言（写真）」が出された。

○民俗・芸能祭の隔年開催は住民の田川地域・文化への誇り（コミュニティプライド形成）へとなりつつある。

○田川の祭り写真展や調査活動を行い、その展示会や本つくりが行われている。

課題は数多くあるが、それらは今までの困難の克服に過信せず、自信を持ち、一歩一歩前進していくことである。

（社団法人田川広域観光協会 理事長・副理事長会議での提案）2021〔令和3〕年2月

第10回アジア都市景観賞授賞式での田川市副市長と田川広域観光協会名誉会長
（産業遺産を活かしたまちづくり、2020〔令和2〕年11月29日、九州大学）

おわりに——山本作兵衛や田川・筑豊活性化は近代の行き詰まりを超える核芯

　今でも良い田川・筑豊の宝の山をさらに掘り続けよう——汝すべからく近代を超出せよ

　〈生涯現役〉とは、使い古された言葉である。しかし、それを個人が生涯にわたり社会的活動で実践することは困難である。個としての生物的寿命の限界と、類として次世代への継続・普遍性を問われるのだ。

　私たちは、山本作兵衛コレクションの日本初世界記憶遺産登録を成し遂げ、山紫水明の近代田川のエネルギー革命による停滞を克服すべく、数多くの実践を積み重ねながら、ここまでたどり着いている。その大きな節目での総括・検証がこの著作である。

　「『実践者の碑は無形の碧落（形はなく、はるか遠い世界の果て）に建つ』ように、その碑を見ることはできない。しかし、その碑銘は『汝すべからく近代を超出せよ』と刻まれるべき」という私の信条どおり、筑豊・田川の激変する歴史と田川・筑豊活性化への実践の 30 年間、そして日本初の世界記憶遺産達成後の 10 年間を刻んできた。私たちの肉声が伝わってくるかどうかである。

　学生時代の 18 歳、福岡市博多区で部落問題と出合い、紆余曲折を経て 38 歳で『部落解放教育の地域的形成——自己教育の生成と展開』（明石書店、1984 年）を出版した。その中の第Ⅲ部「差別・解放に向かって——〈原初への確執〉」に、社会学者・真木悠介の次のことばを記した。

　「『主体性』と『客観性』との形式的な対置こそ分析理性の陥穽（おとしあな）にほかならない。主体性の貫徹は、情況の透徹した客観的把握なしにはあり得ぬし、同時にこの客観性の徹底は、主体自身の内部をも透過することなしにはあり得ない」（真木悠介『人間解放の理論のために』筑摩書房、1971 年）。

　つまり、人間・私の解放は自分・主体と対象・客観を分析するだけでは成

183

し遂げられない。自分がその対象（客観的現象）を身体的内部まで繰り込み（関与し）、自らの力を社会的力として、現実変革に関わり続ける中で、人間・私につながる社会・他者の解放は成し遂げられる。自己・他者・社会での精神的・身体的関係の変革（つくりかえ）の持続が、生き抜く力（無限に永続する解放への主体）となるのだ。

「哲学者たちは世界を単にさまざまに解釈しただけである。問題なのは世界を変えることなのである」という『フォイエルバッハに関するテーゼ11』ともつながる。

福岡県立大学の中で「研究のための研究」として筑豊・田川の豊かな資源を放置するのではなく、学生・院生や地域生活者とともに田川・筑豊の宝物を発掘し、発信する必要を痛感した。「山本作兵衛さんを〈読む〉会」をつくり、週１度の「日記・手帳を〈読み解く〉会」を16年間継続した。田川・筑豊の輝かしい遺産の実証的解明である。

願わくば、この本を私の同世代だけでなく、現代社会の混迷を生きる全ての人々、生き抜く道に迷っている人々に、読んでほしいと思う。なぜなら、グローバル化、IT化、コロナ禍の中、今からの地球・社会は大きな人類史的転換があり、残念ながら多くの犠牲者が出るに違いないからである。そうなってはならない。また、そうなっても希望・勇気は持ち続けねばならない。世界300万人の死者をもたらしている（2021年4月17日現在）「コロナ禍は、世界共和国への始まり」（大澤真幸）との見解・希望もある。また、フェミニズムを主導する上野千鶴子や知の巨人・柄谷行人にも学びたい。

誰もが認めるように、筑豊・田川は、石炭産業を通して日本の近代化を支え、地域が活性化し、石油産業へのエネルギー革命とともに、急速に地域を崩壊させた。しかし、何度もくり返すが、それにもめげず、そこで生活する人々は幸福な生活、幸せな暮らしを求めて生き抜き、格闘しているのだ。こうした近代から現代の激変とともに地域に生きる自己と向き合い、研究と実践によって生き抜き、常識的な闇を克服し突破する、かがやく闇・光・未来に変革しようとした事実をこの本にはこめた。

そのことが伝わるかどうかは、読者の判断に委ねることでしかない。

本書を校正している中、ユネスコ世界記憶遺産委員会で機構改革案が全会

一致で承認されたというニュースが報道された。新制度では「各国が登録申請した段階で、ユネスコが加盟国に提示し、その後、専門家組織の審査結果を事務局長が執行委に提案し、承認を得て登録される」という。世界記憶遺産（世界の記憶）が事実にもとづいて審査・決定となることを期待したい。

　当然の如く、ここに書かれた文章・事例、写真・図は私個人でできるものではなく、関係したすべての人たち・仲間・チームによってでき上がったものである。いちいちお名前は上げないが、関わっていただいたすべての人たちに、衷心より感謝申し上げる。

　出版にあたり「刊行によせて」を寄稿していただいた、永年お世話になっている田中直樹日本大学名誉教授、そして盟友のイアン・ニアリー　オックスフォード大学名誉フェローには改めて感謝を申し上げたい。さらに、写真などを提供いただいた田川広域観光協会、田川市、田川市石炭・歴史博物館、「作たん事務所」、上野朱氏などにもお礼申し上げる。また、出版状況の厳しいなか刊行に尽力していただいた明石書店の石井昭男顧問をはじめ神野斉編集部長や矢端泰典氏ほか編集担当にも謝意を表したい。最後に、ゲラ段階の最初の読者である妻邦子・家族にも謝意を示したい。

2021（令和3）年5月1日　書斎にて

　参考・引用文献をここにまとめて紹介し、改めてお礼申し上げる。
* 古田陽久・古田真美『世界の記憶データ・ブック――2017〜2018年版』シンクタンクせとうち総合研究機構、2018年2月
* 上野三碑世界記憶遺産登録推進協議会『上野三碑ユネスコ「世界の記憶」（国際登録）申請書2016年5月30日提出』、事務局：群馬県生活文化スポーツ部文化振興課、2018年2月
* "Memory of the World," UNESCO Publishing, 2012.
* 樺山紘一日本語版監修、村田綾子訳『世界記憶遺産百科――全244のユネスコ世界記憶遺産』柊風舎、2014年
* 山本作兵衛さんを〈読む〉会編『山本作兵衛――日記・手帳解読資料集』（第1〜16巻）、福岡県立大学附属研究所・生涯福祉研究センター等、2003年3月〜2017年3月
* 田川市石炭・歴史博物館編『「山本作兵衛コレクション」ユネスコ世界記憶遺産登録記念誌』田川市発行、平成24年3月

【著者紹介】

森 山 沾 一（もりやま・せんいち）

1946（昭和21）年7月15日、中国瀋陽市生まれ。生後百日目で父母とコロ島より博多港へ引揚。大分県日田市で18歳まで育つ。日田高校から九州大学・大学院。50歳で博士学位（教育学・九州大学）取得。

熊本商科大学（現熊本学園大学）教養部講師、佐賀大学教育学部助教授、福岡県立大学人間社会学部・大学院教授を経て2016（平成28）年3月退職。

学生時代はセツルメント活動や全共闘運動に関与し、38歳から研究者の道を自覚的に歩み始める。福岡県立大学では学生部長・学部長・副学長など歴任。（公社）福岡県人権研究所理事長（20年間）も務めた。

現在、田川市石炭・歴史博物館館長、（社）田川広域観光協会副理事長、たがわまるごと博物館館長、福岡県立大学名誉教授、福岡県日中友好協会会長・全国理事などで活動。

主な著書

『社会「同和」教育の地域的形成に関する研究』（明石書店、1995年）、『ボランティア・ネットワーキング』（共編著、東洋館出版社、1997年）、『社会教育における人権教育の研究──部落解放実践が人間解放に向け切り拓いた地平』（福村出版、2011年）、『被差別部落の歴史と生活文化──九州部落史研究の先駆者・原口頴雄著作集成』（共編著、明石書店、2014年）、『熱と光を願求して』（花書院、2015年）、『部落問題と近現代日本──松本治一郎の生涯』（イアン・ニアリー著、監訳・共編、明石書店、2016年）、『山本作兵衛──日記・手帳』解読資料集 全16巻（福岡県立大学附属研究所叢書、2003〜2017年）ほか。

山本作兵衛と世界遺産のまち

筑豊・田川万華鏡——日本初の世界記憶遺産登録を掘り下げる

2021 年 5 月 25 日　初版第 1 刷発行
2021 年 9 月 30 日　初版第 2 刷発行

　著　者　　森　山　沾　一

　発行者　　大　江　道　雅

　発行所　　株式会社明石書店

〒 101-0021 東京都千代田区外神田 6-9-5
電話　　03（5818）1171
FAX　　03（5818）1174
振替　　00100-7-24505
https://www.akashi.co.jp

装　丁　　明石書店デザイン室
ＤＴＰ　　レウム・ノビレ
印　刷　　株式会社文化カラー印刷
製　本　　協栄製本株式会社

（定価はカバーに表示してあります）
ISBN978-4-7503-5214-5

世界人権問題叢書97

部落問題と近現代日本 松本治一郎の生涯

イアン・ニアリー [著]

森山沾一、〔公社〕福岡県人権研究所プロジェクト [監訳]
平野裕二 [訳]

◎四六判／上製／480頁　◎5,800円

1920年代以降、水平社、部落解放同盟の指導者・国会議員として部落差別と闘い、第二次大戦後は「世界水平」をめざして国内外で活躍した松本治一郎の生涯を、イギリス人研究者が日本の近現代史の流れと重ね合わせて描く。

《内容構成》

〈価格は本体価格です〉

被差別部落の歴史と生活文化

九州部落史研究の先駆者・原口頴雄著作集成

原口頴雄 [著]

公益社団法人 福岡県人権研究所 [企画・編集]

◎A5判／上製／506頁　◎8,000円

> 九州の部落史研究を牽引し、2011年に逝去した原口頴雄(はらぐちえいゆう)の著作集成。福岡部落史研究会事務局長を経て熊本学園大学教授として、被差別部落の歴史、なかでも近世・近現代の部落史の研究に生涯を捧げた原口の研究成果をまとめた遺稿集。

《内容構成》

序 [秀村選三]／原口頴雄著作集成を推薦します [寺木伸明]／
原口さんの一生そのものも輝く著作 [加藤昌彦]／刊行の辞 [森山沾一]

第一部 学術論文・史資料解題

第1章 近世福岡藩における被差別部落の身分支配と生業／第2章 「解放令」と堀口村における居住地域拡張の闘い／第3章 福岡連隊事件長崎控訴院公判調書／第4章 井元麟之講演録「福岡連隊事件秘話」解説／第5章 全九州水平社機関紙『水平月報』(復刻版)解題／第一部 「学術論文・史資料解題」解説[石瀧豊美]

第二部 基調報告・講演記録

第1章(第1節 部落解放運動、解放(「同和」)教育 そしてさらに部落史・解放運動史研究の進展を!／第2節 行事に終らせることなく、日常的な取り組みを)／第2章 部落史を問い直す歴史学習のあり方―部落の歴史とは何か―／第3章 部落解放運動がめざしてきたもの―福岡連隊事件と井元麟之氏の歩みを中心として―／第4章 部落差別と宗教／第5章 被差別部落の文化、その基底をさぐる／第6章『菜の花』の世界について―被差別部落の民話を考える―／第二部 「基調報告・講演記録」解説[森山沾一]

第三部 事典・初期論考・障がい者解放・詩・エッセイ

第1章 事典項目／第2章 初期論考・部落問題について―日本資本主義と部落問題―／第3章 障がい者解放・詩／第4章 エッセイ／第三部 「事典・初期論考・障がい者解放・詩・エッセイ」解説[金山登郎]

著作・業績年表 [金山登郎]／あとがき [石瀧豊美]／索引 [関儀文]

〈価格は本体価格です〉